dtv

Der Patriarch ist als männliches Leitbild längst vom Sockel gestoßen worden. Doch auch Macho oder Softie sind für die meisten Männer keine echten Alternativen. Denn beide repräsentieren nur einseitige Zerrbilder von Männlichkeit. Ein »ganzer Mann« muß kämpfen und lieben, träumen und etwas verwirklichen können. Adam, Simson und andere Männer der Bibel haben diese Qualitäten. Anselm Grün beschreibt 18 Archetypen, durch die Männer wieder zu sich selbst finden können und Zugang zu ihrer Kraft bekommen. Sie sind keine Superhelden, sie sind selbst Um- und Irrwege gegangen. Sie zeigen: »Es kommt nicht darauf an, daß du alles perfekt machst, sondern daß du das Leben wagst.«

Anselm Grün, geboren 1945, ist Benediktinermönch und Autor zahlreicher Bestseller. Der Cellerar der Abtei Münsterschwarzach wird von vielen als geistlicher Berater geschätzt und gehört zu den meistgelesenen christlichen Gegenwartsautoren.

Anselm Grün

Kämpfen und lieben

Wie Männer zu sich
selbst finden

Deutscher Taschenbuch Verlag

Von Anselm Grün sind im
Deutschen Taschenbuch Verlag erschienen:

Menschen führen – Leben wecken (34277)
Damit dein Leben Freiheit atmet (34392)
Ich wünsch dir einen Freund (34441)
Du bist ein Segen (34474)
Leben und Beruf (34534)
Die Zehn Gebote (34555)
Königin und wilde Frau (34585)
Die hohe Kunst des Älterwerdens (34624)

**Ausführliche Informationen über
unsere Autoren und Bücher
finden Sie auf unserer Website
www.dtv.de**

Ungekürzte Ausgabe 2011
Deutscher Taschenbuch Verlag GmbH & Co. KG,
München
www.dtv.de
© 2003 Vier-Türme GmbH, Verlag,
97359 Münsterschwarzach Abtei
Alle Rechte vorbehalten.
Umschlagkonzept: Balk & Brumshagen
Umschlagfoto: Steve Joester
Verlag, Münsterschwarzach
Satz: Filmsatz Schröter GmbH, München
Druck und Bindung: Druckerei C. H. Beck, Nördlingen
Gedruckt auf säurefreiem, chlorfrei gebleichtem Papier
Printed in Germany · ISBN 978-3-423-34638-2

Inhalt

Einleitung 7

18 Archetypen des Mannes

1. Adam: Mann und Frau 15
2. Abraham: Der Pilger 25
3. Isaak: Der Vaterlose 33
4. Jakob: Der Vater 41
5. Josef: Der Magier 53
6. Mose: Der Führer 61
7. Simson: Der Krieger 75
8. David: Der König 85
9. Salomo: Der Liebhaber 95
10. Jeremia: Der Märtyrer 103
11. Elija: Der Prophet 113
12. Ijob: Der leidende Gerechte 119
13. Jona: Der Schelm 127
14. Petrus: Der Fels 133
15. Paulus: Der Missionar 143
16. Johannes der Täufer: Der wilde Mann 153
17. Johannes: Der Freund und weise Alte 159
18. Jesus: Der Heiler 167

Fazit: Wege zum Mannwerden 181

Literatur 185

Einleitung

Seit etwa 30 Jahren ist in Deutschland die Frage nach der Identität des Mannes ins Bewußtsein vieler Männer getreten. Die feministische Bewegung hat das Selbstbewußtsein vieler Frauen gestärkt. Das hat die Männer verunsichert. Auf einmal wußten sie nicht mehr, wer sie in Wirklichkeit sind. Sind sie nur die Patriarchen, die alles beim Alten lassen möchten? Oder sind sie die Machos, wie sie von vielen Frauen karikiert werden? Oder geben sie sich als »Softies«, die weder von Männern noch von Frauen ernst genommen werden? In diesem Buch möchte ich anhand biblischer Männergestalten einen Weg aufzeigen, wie Männer ihre eigene Identität finden können. Dabei geht es mir um die beiden Pole: Kämpfen und Lieben. Wer nur kämpft, ist in Gefahr, hart und unempfindlich zu werden. Wer nur liebt, neigt dazu, nur seine zärtlichen Seiten zuzulassen. Zum Mann gehören beide Fähigkeiten. Als Kämpfer ist er fähig zu lieben. Seine Liebe braucht die Qualität des Eroberers und des Beschützenden. Und sein Kampf bedarf der Liebe, damit er nicht blindwütig wird.

In den letzten Jahren sind viele Männergruppen entstanden, in denen sich Männer über ihr Mannsein austauschen. Es gibt diese Männergruppen in der evangelischen und katholischen Kirche, aber auch im Umfeld von Therapeuten, die Männer einladen, gemeinsam ihre männliche Energie zu entwickeln. Offensichtlich besteht ein großes Bedürfnis, daß Männer auch mal unter sich sind. Unter Männern wagen sie es, ihre eigene Unsicherheit, ihre Ängste und Schwächen zu zeigen. In solchen Männergruppen sind sie frei von dem typischen Imponiergehabe, das sie leicht an den Tag legen, sobald Frauen mit dabei sind. In meinen Kursen sind normalerweise mehr Frauen als Männer. Und ich arbeite gerne mit Frauen, weil sie ein tiefes Gespür haben für spirituelle und psychologische Fragen. Wenn ich mit reinen Männergruppen arbeite, spüre ich aber auch, daß dort eine eigene Qualität entstehen kann, eine männliche Qualität. Wenn Männer ihre alten Rollen ablegen und sich ehrlich aufeinander einlassen, dann wird auf einmal der Saal voll von männlicher Kraft.

Seit 20 Jahren begleite ich Priester und Ordensleute, Männer und Frauen, im Münsterschwarzacher Recollectio-Haus. In den letzten Jahren haben ein Therapeut und eine Therapeutin öfter einmal ein Mann-Frau-Wochenende veranstaltet. Zunächst einmal sind bei diesen Kursen die Männer und Frauen jeweils unter sich und gestalten einen Raum mit Symbolen. Dann laden die Männer die Frauen zu sich ein und umgekehrt. Es ist immer ein spannendes Wochenende, an dem klarer wird, wie Männer sich von Frauen unterscheiden. Es geht nicht um Wertung, sondern um die Erfahrung, daß ich ganz Mann und ganz Frau sein darf.

Beim Silvester-Jugendkurs in Münsterschwarzach (über die Jahreswende 2002/2003) hat Pater Mauritius eine Gruppe nur für Männer angeboten. Das war eine Premiere bei den Jugendkursen, bei denen die Frauen sonst überwiegen. Aber es war eine wichtige Erfahrung für die jungen Männer zwischen 16 und 30 Jahren. Offensichtlich war es ihnen ein Bedürfnis, einmal unter sich zu sein, sich über die eigenen Stärken zu unterhalten, die sie meistens übersehen, und vielleicht auch einmal voreinander schwach sein zu dürfen. Es gab sehr ehrliche Gespräche über die eigene Sexualität, über die Ängste, vor den Frauen nicht gut genug zu sein, aber auch über die Angst, zur eigenen Männlichkeit zu stehen. Die Erfahrung dieser Männergruppe zeigte, wie wenig sich junge Männer heute zutrauen. Sie sollen gegenüber Frauen immer lieb und nett sein und vergessen so, daß sie Männer sind. Sie trauen sich nicht, zuzupacken, für sich zu kämpfen, Führung zu übernehmen. Sie spüren, daß ihnen etwas fehlt. Aber sie wissen oft nicht, wie sie zu einem authentischen Mannsein finden können, ohne in die Machorolle zu fallen oder zum Softie zu werden.

Meine Bücher werden mehr von Frauen gelesen als von Männern. In diesem Buch möchte ich bewußt als Mann zu Männern sprechen. Ich lebe seit 1964 in einer reinen Männergruppe, in einer Klostergemeinschaft von etwa 100 Männern. So eine Männergesellschaft hat ihre eigene Qualität, aber auch ihre Gefahren und Einseitigkeiten. Wenn Männer sich miteinander auf die Suche machen, dann entsteht eine starke Kraft. Sie öffnen sich gegenseitig die Augen für die wirklichen Probleme in unserer Welt. Und sie sind bereit, die Ärmel hochzukrempeln und die Aufgaben anzupacken, die für sie anstehen. Die Gefahr einer reinen Männergesellschaft besteht jedoch darin, daß das Gespür füreinander verlorengeht, daß jeder nur für sich alleine lebt und arbeitet. Oft treten vaterlose Männer ins Kloster ein. Sie suchen im Kloster entweder die große Mutter, die sie von ihrer eigenen Mutterbindung befreit. Oder aber sie sehnen sich nach echten Vätern, an denen sie als Mann wachsen können. Damit spiegelt die Klostergemeinschaft die Problematik unserer Gesellschaft wider. Seit Alexander Mitscherlich ist das Wort von der vaterlosen Gesellschaft verbreitet. Das Problem ist, daß heute viele vaterlose Männer nach Ersatzvätern suchen. Manche sind anfällig, sich starken Männern unterzuordnen und sich von ihrem Machtgehabe blenden zu lassen. Unsere Gesellschaft braucht heute Väter, an denen sich die jungen Männer orientieren können, die ihnen den Rücken stärken und sie herausfordern, ihre eigene männliche Energie zu entwickeln.

In meiner Klostergemeinschaft habe ich echte Väter erlebt. Wenn die Männergesellschaft eines Klosters sich zu einseitig von der Mutterenergie her bestimmt, dann kleben die Mönche aneinander. Es geht keine Kraft mehr von ihnen aus. Gott sei Dank erlebe ich in unserer Gemeinschaft die männliche Energie der Väter. Wenn Männer gemeinsam darum ringen, welche Antwort sie auf die Fragen unserer Zeit geben möchten, dann entsteht ein hohes Potential an Kreativität. Sie bekommen Lust, etwas anzupacken und etwas für diese Gesellschaft zu tun. Sie entwickeln Visionen und haben den Mut, sie in die Tat umzusetzen. Ich spüre, daß ich mit meiner eigenen Kreativität teilnehmen darf an dem Potential, das eine Gemeinschaft von Männern bietet. So möchte ich dieses Buch aus meiner Erfahrung mit Männern und aus meinem eigenen Mannsein heraus schreiben und von Mann zu Mann reden. Es tut suchenden Männern gut, mal unter sich zu sein. Ich hoffe, daß ich mit den Gedanken dieses Buches viele Männer ermutigen kann, ihren Weg des Mannwerdens zu wagen.

Es gibt zwei Bilder vom Mann, die sein Wesen verfälschen. Da ist einmal das Bild des Machos, der auf seine Männlichkeit pochen muß, der vor Frauen angibt und sich mit seiner Potenz brüstet. Der Macho ist letztlich ein ängstlicher und zutiefst verunsicherter Mann, der seinen Wert nur darin findet, daß er Frauen entwertet. Das andere Bild, das genausowenig hilfreich ist, ist der »Softie«. C. G. Jung hat den Mann dazu aufgefordert, seine »anima«, seine weibliche Seelenseite, zu integrieren. Aber manche Männer haben das so ernst genommen, daß sie ihr eigenes Mannsein vergessen haben. Walter Hollstein, ein Soziologe, der sich über die Identität des Mannes Gedanken gemacht hat, meint, vom Softie gehe nichts aus, der Softie sei nicht schöpferisch. Der Softie ist »nicht nur ein spannungsloser Partner der Frau, sondern auch gesellschaftlich steril. Von ihm geht keine Energie aus, keine Auseinandersetzung, null Leidenschaftlichkeit, keine Innovationen.« (Hollstein 25) In den Praxen amerikanischer Psychologen beklagen sich Softies oft über ihre Kraftlosigkeit. Sie fühlen sich richtungslos und in einer permanenten Identitätskrise. (Vgl. ebd. 23) Sie lassen sich von der Gesellschaft versorgen, anstatt sie mit Pioniergeist, Verantwortung und Wagemut zu gestalten.

Ich habe 25 Jahre lang Jugendarbeit gemacht. Zu den Kursen an Silvester und Ostern kamen oft über 250 Jugendliche und junge Erwachsene. Ein Drittel etwa waren junge Männer. Ich führte viele Gespräche mit ihnen. Ich hatte den Eindruck, daß nicht in erster Linie die kraftvollen Männer kamen, sondern eher solche, die an mangelndem Selbstwertgefühl litten, die gehemmt waren und von depressiven Stimmungen heimgesucht wurden. Sie suchten bei den Jugendkursen sehr ehrlich nach einem Weg, wie sie mit sich und ihrem Leben besser umgehen könnten. Der spirituelle Weg war für sie eine Verheißung, innerlich gelassener und ruhiger zu werden. Sie suchten eher eine beruhigende Spiritualität, als eine herausfordernde. Aggressive Männer, die diese Welt verändern wollen, gehen weniger zu spirituellen Kursen. Sie werden auch von der Kirche heute nicht angemessen angesprochen. Und doch braucht die Kirche gerade die aggressiven Männer. Und umgekehrt gilt: gerade den kraftvollen Männern täte eine Spiritualität gut, die sie mit ihrem wahren Wesen in Berührung bringt. Aber diese Männer suchen nach einer Spiritualität, die ihrem Mannsein entspricht, die in ihnen ihre männliche Energie weckt und sie dorthin lenkt, wo es sich lohnt, sie einzusetzen. Die Bibel erzählt uns von starken Männern. Da werden Männer nicht zu spirituellen Gurus hochstilisiert. Sie stehen mitten im Leben. Sie machen Fehler und sündigen. Aber sie gehen ihren Weg vor Gott und mit Gott. Sie machen sich auf die beschwerliche Reise des Mannwerdens.

In diesem Buch möchte ich dem Leser 18 Männergestalten aus der Bibel vor Augen führen, die einem Mann Kraft zu geben vermögen. Wenn ich mir selbst diese 18 Gestalten anschaue, dann spüre ich, wie viel Energie in diesen Männern steckt. Jeder geht seinen persönlichen Weg. Keiner ist zu Beginn seines Weges perfekt. Jeder muß über Versuch und Irrtum lernen. Er begegnet auch seinen Schattenseiten. Trotzdem sind diese Männer für mich Vorbilder. Viele Psychologen beklagen, daß es heute kaum männliche Vorbilder gibt. Die Politiker sind es kaum, die Filmschauspieler und Sportler auch nicht. Ich hoffe, daß der Leser in den 18 Männern Vorbilder für sich entdeckt. Er wird sich nicht in allen Männern wiederfinden. Ich werde die Männer der Bibel immer nur von einem Blickwinkel aus betrachten und sie einem archetypischen Bild zuordnen, das mir bei jedem vorherrschend zu sein scheint. Die Reihenfolge der Männergestalten orientiert sich an der Chronologie der Bibel. Der Leser sollte jedoch frei auswählen, wer ihn gerade am meisten interessiert. Der eine Leser braucht vielleicht als erstes den »wilden Mann« Johannes den Täufer oder den Krieger Simson. Ein anderer möchte lieber mit dem Liebhaber beginnen. Es hängt von der eigenen Situation ab, welcher Mann mich gerade mit seinem Archetyp am meisten anspricht. Archetypische Bilder haben nach C. G. Jung die Fähigkeit, uns mit dem eigenen Potential, das in uns steckt, in Berührung zu bringen. Sie setzen uns in Bewegung, damit wir uns mehr und mehr zentrieren und die eigene Mitte finden. Jedes archetypische Bild hat ein Entwicklungspotential in sich. Jeder der 18 Archetypen gilt auch für Frauen. Auch die Frau ist Führerin. Sie braucht die Kriegerin in sich. Sie ist Königin und wilde Frau. Wenn ich jetzt nur über Männer schreibe, soll das nicht heißen, daß ich Frauen abspreche, was ich von den Männern aussage. Die Frauen verwirklichen die archetypischen Bilder auf ihre Weise. Zum Teil sind es die gleichen Archetypen, die auf Männer und Frauen zutreffen. Frauen kennen aber auch ihre eigenen archetypischen Bilder. Ich hoffe, zusammen mit meiner

Schwester auch darüber ein Buch zu schreiben, das dann nur für Frauen gedacht ist.

Kein Mann ist nur auf einen Archetyp festzulegen. Jeder lebt in seinem Leben verschiedene Aspekte. Und bei jedem formt sich der Archetyp auch in anderer Weise aus. Daher ist es mir wichtig, jeweils die konkrete biblische Gestalt in den Blick zu bekommen mit ihrer Lebensgeschichte und mit ihrer Entwicklungsgeschichte. Es ist sehr hilfreich, daß die Bibel uns keine perfekten Männer beschreibt. Bei jedem der großen Männer deckt sie auch schonungslos die Schwächen und Schattenseiten auf. Das ist tröstlich für den Leser. Denn die Männer in der Bibel sind nicht den Auseinandersetzungen und Gefährdungen enthoben. Sie geraten immer wieder in die Falle ihrer eigenen Veranlagung oder in die Versuchung, sich von außen bestimmen zu lassen und sich anzupassen. Gerade in dem Auf und Ab von Stärke und Schwäche, von Licht und Schatten, von Vertrauen und Angst, von Liebe und Haß hat sich der Mann zu bewähren. Der Mann sucht die Auseinandersetzung und den Kampf. Daß er dabei auch verlieren kann, nimmt er in Kauf. Er verabscheut allzu sichere Wege. Die Bibel schildert uns gefahrvolle und abenteuerliche Wege des Mannwerdens. Und ich hoffe, daß diese Wege die Leser ansprechen und in ihnen ihre männliche Energie wachrufen.

1. Adam: Mann und Frau

Adam ist ursprünglich nicht der Mann, sondern der Mensch überhaupt. Gott hat den Menschen aus Ackerboden geformt. Adam kommt von »Adama« (Erdboden, Erde). Der Mensch hat also eine tiefe Verbindung zur Erde. Er ist von der Erde genommen und wird im Tod zur Erde zurückkehren. Doch zur Erde kommt der Lebensatem, den Gott dem Adam in seine Nase bläst. Es ist also zugleich etwas Göttliches im Menschen. Die Bibel kennt zwei Berichte über die Erschaffung des Menschen. Die ursprüngliche wird uns im zweiten Kapitel des Buches Genesis erzählt. Da schafft Gott zuerst den Ackerboden. Aber er brachte noch keine Frucht. So formt Gott den Menschen aus dem Ackerboden und bläst ihm den Lebensatem ein: »So wurde der Mensch zu einem lebendigen Wesen.« (Genesis 2,7) Dann legt Gott für den Menschen einen Garten an. Der Mensch darf sich an den Bäumen und ihren Früchten freuen. Zugleich hat er die Aufgabe, den Garten zu bebauen. Doch der Mensch fühlt sich allein. Gott formt zuerst allerlei Tiere und führt sie dem Menschen zu. Der gibt ihnen einen Namen. »Aber eine Hilfe, die dem Menschen entsprach, fand er nicht.« (Gen 2,20) Da formt Gott aus der Rippe des Adam eine Frau. Von ihr sagt Adam: »Das endlich ist Bein von meinem Bein und Fleisch von meinem Fleisch. Frau (ischah) soll sie heißen; denn vom Mann (isch) ist sie genommen. Darum verläßt der Mann Vater und Mutter und bindet sich an seine Frau, und sie werden ein Fleisch. Beide, Adam und seine Frau, waren nackt, aber sie schämten sich nicht voreinander.« Gen 2,23–25)

An dieser Erzählung fasziniert mich, wie der Mann auf die Frau bezogen ist. Beide bilden eine innere Einheit. Der Mann sehnt sich nach der Frau. Er findet zu seiner Ganzheit nur dann, wenn er in eine gute Beziehung zur Frau tritt. Mann und Frau ergänzen sich. In diesem Buch schreibe ich nur über den Mann. Aber über ihn kann ich nicht schreiben, ohne auch seine Beziehung zur Frau in den Blick zu bekommen. In der Geschichte von Adam und Eva werden nicht nur die innere Einheit und Zusammengehörigkeit deutlich, sondern auch die Ursachen des Geschlechterkampfes, der die ganze Menschheitsgeschichte durchzieht. Der Mann kann offensichtlich nur dann ganz Mann werden, wenn er die Frau als gleichrangig und gleichwertig erkennt, und wenn er sich von ihr inspirieren läßt. Das vermag er nur dann, wenn er mit der Frau in sich, wenn er mit seiner »anima«, wie Jung die weibliche Seite der menschlichen Seele bezeichnet, in Berührung ist.

Adam und Eva sind nackt und schämen sich nicht voreinander. Sie achten und zeigen sich einander. Sie müssen sich nicht voreinander verstecken. Und sie haben es nicht nötig, voreinander Machtspiele zu spielen oder einander imponieren oder sich gegenseitig beschuldigen zu müssen. Doch dieser harmonische Zustand dauert nicht lange. Die Bibel erzählt die berühmte Geschichte von der Schlange, die Eva verführt. Die Schlange drängt Eva dazu, doch auch von den Früchten zu essen, die Gott ihnen verboten hat. Das ist ein altes Thema, das in vielen Märchen vorkommt. Oft darf die Frau einen Raum nicht betreten. Und gerade das Verbot lockt sie, in diesen Raum zu gehen, der ihr dann zum Verhängnis wird. Doch offensichtlich sehen die Märchen das Übertreten des Gebotes als Voraussetzung für einen neuen Entwicklungsschritt.

Die Bibel beschreibt jedoch eher einen Rückschritt. Eva »nahm von seinen Früchten und aß; sie gab auch ihrem Mann, der bei ihr war, und auch er aß. Da gingen beiden die Augen auf, und sie erkannten, daß sie nackt waren. Sie hefteten Feigenblätter zusammen und machten sich einen Schurz. Als sie Gott, den Herrn, im Garten gegen den Tagwind einherschreiten hörten, versteckten sich Adam und seine Frau vor Gott, dem Herrn, unter den Bäumen des Gartens.« (Gen 3,6–8) Man kann diese Geschichte verschieden deuten. Von der Psychologie her gesehen überzeugt mich die Deutung von C. G. Jung, der das Essen von den Früchten des Baumes der Erkenntnis als Akt des Bewußtwerdens versteht. Es ist also für Adam und Eva ein notwendiger Schritt auf dem Weg der Menschwerdung. Der Mensch fällt aus seinem paradiesischen Zustand heraus, und er erkennt seine Licht- und Schattenseiten. Er vermag zwischen gut und böse zu unterscheiden.

Mich interessiert an dieser Geschichte jedoch vor allem die Schuldzuweisung des Mannes an die Frau und das Sich-verstekken des Mannes vor Gott und vor der Frau. Für mich liegt darin die Ursache für den Geschlechterkampf zwischen Mann und Frau, der die Jahrtausende durchzieht und auch heute trotz aller Aufklärung und Gleichberechtigung immer wieder neu auflodert. Gott spricht den Adam an: »Wo bist du?« (Gen 3,9) Adam antwortet: »Ich habe dich im Garten kommen hören; da geriet ich in Furcht, weil ich nackt bin, und versteckte mich.« (Gen 3,10) Adam hat also Angst, sich vor Gott so zu zeigen, wie er ist. Er versteckt sich vor Gott. Damit sagt er Wesentliches über sich selbst aus. Männer tun sich oft schwer, die eigene Wahrheit auszuhalten und sie Gott zu zeigen. Sie verstecken sich lieber hinter ihrer Fassade. Die Frage Gottes ist für mich heute aktueller denn je. Jeder Mann sollte sich so von Gott fragen lassen: »Wo bist du? Bist du ganz bei dir? Bist du wirklich du selbst? Wo bist du mit deinen Gedanken? Kannst du dich aushalten, so wie du bist?«

Nur wenn der Mann sich diesen Fragen stellt, kann er zum Mann werden. Für mich ist die Frage Gottes die entscheidende Frage für die männliche Initiation, für die Einübung in das Mannwerden. Ich muß mich fragen, wo ich bin, wie ich bin und was ich bin. Ich muß aufhören, mich zu verstecken. Nur wenn ich wage, zu meinem Nacktsein zu stehen, mich so anzunehmen, wie ich gerade bin, zerrissen, stark und schwach, voller Leidenschaft und zugleich feige und ausweichend, nur dann werde ich zum Mann reifen.

Als Gott den Adam fragt, ob er vom verbotenen Baum gegessen habe, da schiebt Adam die Schuld auf Eva: »Die Frau, die du mir beigesellt hast, sie hat mir von dem Baum gegeben, und so habe ich gegessen.« (Gen 3,12) Auch diese Eigenschaft wird charakteristisch für manche Männer. Sie leugnen die eigene Schuld und schieben sie anderen in die Schuhe. Letztlich gibt Adam Gott selbst die Schuld. Er hat ihm ja die Frau gegeben. Er selbst kann nichts dafür. Er weigert sich also, Verantwortung für sein Tun zu übernehmen. Der Mann sehnt sich nach der Frau. Aber offensichtlich hat er auch eine Seite in sich, die sich vor der Frau fürchtet. Und so muß er ihr alle Schuld zuschieben, wenn etwas bei ihm nicht stimmt. Der Mann spürt die Sehnsucht nach der Frau. Er ist nur eins mit sich, wenn er mit der Frau ein Fleisch wird. Und zugleich erfährt er einen inneren Zwiespalt in seiner Beziehung zur Frau. Und dieser Zwiespalt führt ihn dazu, die Frau zu verteufeln.

In dieser kurzen Erzählung klingt schon die lange Geschichte des Geschlechterkampfes an, der die Jahrhunderte durchzieht. Faszination und Verteufelung wechseln sich ab, Machtkämpfe, Verletzungen und Angst voreinander prägen die Beziehung zwischen Mann und Frau. Für den Prozeß des Mannwerdens ist es wichtig, daß der Mann seine unbewußte Angst vor der Frau überwindet und sich seiner »anima« stellt. C. G. Jung sieht in der Integration der anima einen entscheidenden Entwicklungsschritt des Mannes, und zugleich die Voraussetzung dafür, daß der Mann aufhört, seine eigenen Probleme auf die Frau zu projizieren und sie ihr in die Schuhe zu schieben.

In der zeitlich späteren der beiden Schöpfungsgeschichten von Genesis 1 erschafft Gott am sechsten Tag den Menschen. »Dann sprach Gott: Laßt uns Menschen machen als unser Abbild, uns ähnlich. (…) Gott schuf also den Menschen als sein Abbild; als Abbild Gottes schuf er ihn. Als Mann und Frau schuf er sie.« (Gen 1,26–27) Der Mensch ist also gerade in seiner Zweiheit als Mann und Frau Gott ebenbildlich. Die griechischen Kirchenväter haben über die beiden Verse Genesis 1,26 und 1,27 viel nachgedacht. Sie haben die beiden dort benutzten hebräischen Worte für Abbild und Ähnlichkeit (selem und d^{e}mût) in ihre Sprache mit den Begriffen »eikon« (Bild) und »homoiosis« (Gleichnis, Ähnlichkeit) übersetzt und eine eigene Theologie daraus entwickelt. Der Mensch ist ursprünglich nach dem Bild Gottes geschaffen. Seine Aufgabe besteht darin, immer mehr Gott ähnlich zu werden. Der Begriff der Ähnlichkeit beschreibt also das Ziel des Menschen. Der Mensch soll Gott immer mehr nachahmen und wie Gott werden. Das ist die eigentliche Berufung des Menschen. Darin wird für mich etwas Wesentliches des Mannes sichtbar. Jeder Mann ist dem Schöpfer ähnlich. Darin besteht seine größte Würde. Er ist schöpferisch wie Gott. Seine Aufgabe besteht darin, Gott immer ähnlicher zu werden. Und zugleich wird in diesen Sätzen aus Genesis 1 für mich deutlich, daß der Mann nur dann Gott ähnlich wird, wenn er auch seine Beziehung zur Frau klärt und sie so gestaltet, wie es Gott ihm vom Ursprung her zugedacht hat: nicht Unterordnung, sondern Gleichwertigkeit, nicht Verachtung, sondern Achtung, nicht Gegeneinander, sondern Miteinander, nicht Spaltung, sondern Einswerden.

Ich möchte nur auf einen Aspekt des Mannseins eingehen, der mir an dieser Schöpfungsgeschichte wichtig erscheint. In seinem Bezogensein auf die Frau fühlt sich der Mann immer auch als sexuelles Wesen. Ich kann nicht über Mannwerdung sprechen, ohne mich mit der männlichen Sexualität zu beschäftigen. Männer trauen der Kirche nicht zu, daß sie ihnen bei der Gestaltung ihrer Sexualität hilft. Allzu oft haben sie erfahren, daß die Kirche die Sexualität nur verteufelt oder aber sie allzu sehr reglementieren möchte. Männer möchten offen über ihre Sexualität reden. Sie hassen das Moralin, das sich oft in die kirchliche Sicht auf die Sexualität hineinmischt. Die Bibel redet noch unbefangen über die männliche Sexualität. Die biblische Sprache ist noch nicht von der römischen Sexualmoral getränkt.

Bei Adam zeigt sich die Sexualität in seiner Sehnsucht, ein Fleisch zu werden mit der Frau. Mann und Frau sind nackt, aber sie schämen sich nicht voreinander. Adam hat also eine gesunde Einstellung zu seiner Sexualität. Doch nach dem Fall schämt er sich seiner Nacktheit. Hier kommt die ambivalente Einstellung vieler Männer zu ihrer Sexualität gut zum Ausdruck. Auf der einen Seite kreisen manche Männer ständig um ihre sexuelle Potenz. Sie müssen angeben mit ihren sexuellen Abenteuern. Doch hinter dieser Angeberei steht letztlich eine tiefe Unsicherheit der eigenen Sexualität gegenüber. Wenn Männer unter sich sind, dann gelingt es manchmal, daß sie ehrlich über ihre Sexualität sprechen. Junge Männer wissen nicht, wie sie mit der überschüssigen sexuellen Energie umgehen sollen. Sie erleben die Sexualität als eine Quelle von Kraft und Lust. Doch ihre Erziehung hat es ihnen oft unmöglich gemacht, zu dieser wohl wichtigsten Lebensenergie zu stehen und daraus zu leben. Oft genug ist Sexualität etwas, über das man nur hinter vorgehaltener Hand spricht. Es tut Männern gut, wenn sie sich offen über ihre Erfahrungen mit der Sexualität austauschen können. Da trauen sie sich, über ihre Angst zu sprechen, in der Sexualität nicht gut genug zu sein, den Erwartungen der Frau nicht zu entsprechen. Oder sie sprechen über ihre Probleme mit der Masturbation. Trotz aller sexuellen Aufklärung wissen sie oft nicht, wie sie damit umgehen sollen. Selbstbefriedigung praktizieren laut Statistik 98% der Männer, die einen nur selten, andere häufig. Und doch trauen sie sich kaum, darüber zu sprechen. Für die einen ist es noch mit dem Gefühl von Schuldigwerden behaftet, für die anderen ist es das Eingeständnis, daß die Beziehung zu Frauen ihre Sexualität nicht vollständig erfüllt. Es ist wichtig, ohne zu werten die Selbstbefriedigung anzuschauen als Versuch, mit der eigenen Sexualität umzugehen. Erst dann kann man darüber sprechen, ob es nicht andere Wege für diesen Umgang mit der Sexualität gibt. Je älter Männer werden, desto mehr entdecken sie die Kreativität als einen Weg, die sexuelle Energie in andere Bahnen zu leiten. Für andere ist es die Spiritualität, in die ihre Sexualität hineinfließt. Für Sigmund Freud ist die Sexualität ein wichtiger Impuls für die Kultur. Und Sexualität ist immer ein Weg, mit seinem Leib in Berührung zu sein, sich mit allen Sinnen zu spüren. Und die Sexualität ist die Quelle, aus der die erotische Kraft in alle Beziehungen einströmt. Sie bewahrt einen vor langweiligen Beziehungen. Sie bringt Lebendigkeit und Buntheit hinein. Da strömt es hin und her, und man kann den Eros genießen, der da zwischen sich und dem Partner hin- und herspringt.

Für den Mann ist es wichtig, sich mit seiner sexuellen Identität auseinanderzusetzen. Er muß sich darüber klar werden, ob er heterosexuell oder homosexuell ist. Manchmal sind die Grenzen fließend. Manche Männer sind bisexuell. Sich seiner sexuellen Identität bewußt zu werden ist eine entscheidende Voraussetzung, sich als Mann anzunehmen. Auch hier ist es wichtig, daß wir alle Wertungen beiseite lassen. Jeder Mann – ob homosexuell oder heterosexuell – hat seine Qualitäten und Stärken und auch seine Gefährdungen. Homosexuelle Männer haben sich in den letzten Jahren oft noch stärker auf die Suche nach ihrer eigenen Männlichkeit gemacht als heterosexuelle Männer. Anstatt sich für ihre Homosexualität zu entschuldigen – wie es in manchen gesellschaftlichen Kreisen immer noch üblich ist –, freuen sie sich an ihrem Mannsein. Sie sind sich ihres Körpers bewußt und drücken sich und ihr Wesen in ihrem Leib aus. Sie haben oft ein stark ausgeprägtes ästhetisches Empfinden und große Offenheit für die Spiritualität. Wenn ich in diesem Buch über das Mannsein spreche, habe ich immer heterosexuelle und homosexuelle Männer im Blick. Dabei ist mir bewußt, daß sich viele homosexuelle Männer von der Kirche verletzt fühlen. Oft genug hören sie, Homosexualität sei widernatürlich. Doch solche Wertungen sind falsch. Homosexualität kann ihren Grund in verschiedenen Ursachen haben: in der Erziehung, in einer großen Mutterbindung, in sexuellen Erfahrungen, aber auch in genetischer Prägung. Letztlich kann man nie sagen, warum ein Mann oder eine Frau homosexuell ist. Entscheidend ist, daß der Homosexuelle sich mit seiner Veranlagung und Prägung aussöhnt und das Beste daraus macht. Das heißt auch, daß er seine Homosexualität auf menschenwürdige Weise lebt.

Im Paradies schämen sich Adam und Eva ihrer Nacktheit nicht voreinander. Nach dem Fall jedoch erkennen sie, daß sie nackt sind. Und aus Furcht versteckt sich Adam vor Gott. Und aus Scham machen sie sich einen Schurz aus Feigenblättern. Über das Thema der Scham haben vor allem die Psychologen viel Bedenkenswertes geschrieben. Scham ist die Scheu, sich zu zeigen, wie man ist. Und ein wesentlicher Aspekt der Scham ist die sexuelle Scham. Man geniert sich seiner Nacktheit und möchte sie bedecken. Scham hat immer mit dem Bedürfnis nach Schutz zu tun. Man schützt sich vor den begehrlichen Blicken anderer. Aber Scham ist auch Ausdruck, daß man sich selbst in seiner Nacktheit nicht angenommen hat. Man möchte sich vor sich, vor Gott und vor den anderen verstecken. Wenn Männer ihre

Scham voreinander ablegen und sich so zeigen, wie sie sind, entsteht auf einmal ein großes Vertrauen. Sie können ja sagen zu sich selbst, so wie sie sind. Sie brauchen keine Kleider mehr, mit denen sie angeben. Sie wagen, sich in ihrer Verwundbarkeit zu zeigen. Und Sexualität ist bei aller Schönheit und Faszination immer auch mit Verletzungen verbunden. Wenn sich jemand über die Sexualität eines anderen lustig macht, kränkt er diesen tief. Ich habe Männergruppen erlebt, die sehr ehrlich über ihre Sexualität sprachen und den anderen mit großer Achtung begegneten. Da wurde etwas von der paradiesischen Situation erfahrbar. Alle »waren nackt, aber sie schämten sich nicht voreinander« (Gen 2,25).

Die Biologie der männlichen Sexualität hat eine tiefe Bedeutung. Der Mann ist Samenträger. Der Same möchte fließen und ein Kind zeugen. Der Mann ist wesentlich schöpferisch. Seine Sexualität ist schöpferische Energie. Der Mann will entweder im biologischen Sinn Vater werden und Kinder zeugen, oder aber er tut es auf geistige Weise. Erik Ericson spricht von ›Generativität‹ (Zeugungskraft). Der Mann fühlt sich erst wohl in seiner Haut, wenn von ihm etwas ausgeht. Für mich ist das Schreiben der Bereich, in den meine schöpferische Energie fließt. Für den anderen ist es das Malen oder das Gründen von sozialen Werken. Ohne die »phallische Energie« wird der Mann langweilig. Es geht nichts mehr von ihm aus. Um Mann zu werden, muß ich also lernen, mit meiner Sexualität auf gute Weise umzugehen. Dieser Lernprozeß geht immer über Fehler und Irrtum. Ich muß meinen persönlichen Weg finden, meine Sexualität in mein Lebenskonzept zu integrieren. Es geht nicht darum, mit seiner Sexualität anzugeben. Dahinter steckt oft eine große Unsicherheit. Jean Vanier, der Gründer der Arche, einer Lebensgemeinschaft von Behinderten und Nichtbehinderten, sagte einmal zu Richard Rohr, er habe erkannt, »daß praktisch jeder in der westlichen Welt mit zwei Grundleiden herumläuft: mit einer gestörten Sexualität und mit einem tiefsitzenden Autoritätsproblem« (Rohr, Der wilde Mann 59). Vermutlich hängen diese beiden Probleme auch miteinander zusammen. Weil viele Männer von ihren Vätern nicht in gebührender Weise in ihr Mannsein und ihre Sexualität eingeführt worden sind, wissen sie nicht, wie sie mit ihrer Sexualität umgehen können. Und sie haben keine wirkliche Beziehung zum Vater aufgebaut. Männer mit einer Vaterwunde haben immer Autoritätsprobleme. Ich habe mit vielen Männern gesprochen, die Großes geleistet haben. Im ehrlichen Gespräch kommt irgendwann die Rede auch auf die Sexualität. Sie ist für die Männer etwas Faszinierendes. Aber zugleich ist sie meistens auch brüchig. Sie gelingt oft nicht so, wie wir uns das vorstellen. Wenn wir darüber ehrlich miteinander sprechen können, dann kommt Licht in die oft vor uns selbst und vor anderen versteckte Sexualität. Und wir lernen einen angemessenen Umgang mit ihr.

2. Abraham: Der Pilger

Abraham gilt als der Vater des Glaubens. Sein Glaube zeigt sich darin, daß er bereit ist, aus seinem Land, von seiner Verwandtschaft und aus seinem Vaterhaus auszuwandern. Dieser dreifache Auszug war im Mönchtum nicht nur ein Bild für den Glaubensweg, sondern auch für den Weg menschlicher Selbstwerdung. Wer zu seinem wahren Selbst gelangen will, der muß auswandern aus allen Abhängigkeiten und Bindungen, zuallererst aus der Abhängigkeit von Vater und Mutter. Es gibt keine Menschwerdung ohne Vater und Mutter, aber auch keine ohne Lösung von den Eltern. Wer als Erwachsener noch an seine Eltern gebunden ist, wird nie ein eigenes Leben leben. Es geht dabei nicht zuerst um eine äußere Lösung, etwa um das Verlassen des Hauses, sondern um ein inneres Freiwerden von den verinnerlichten Elternfiguren. Da ist ein Sohn noch an seine Mutter gebunden. Als typischer Muttersohn wird er nie seine männliche Identität finden. Er wird auch in seiner Beziehung zu Frauen immer die Mutter suchen, die ihn verwöhnt. Er ist unfähig zu echter Partnerschaft. Der Mann, der seinem Vater beweisen muß, daß er genauso stark und leistungsfähig ist wie er, wird nie seine eigene Lebensspur finden. Er wird immer nur den Vater kopieren und am Ende leer dastehen. Und von ihm wird kein Segen ausgehen. Er wird seine Vaterproblematik in seinem Beruf und in seiner Beziehung zu anderen ausagieren. Er ist unfähig, Menschen zu begegnen. Er wird sie dazu benutzen, um seinen Vaterkomplex auszuleben.

Das zweite Auswandern verstehen die Mönche als Auswandern aus den Gefühlen der Vergangenheit. Manche Männer verherrlichen ihre Kindheit. Sie schwärmen von den Weihnachtsfesten, die sie daheim erlebt haben, von der Geborgenheit in der Küche bei der Mutter. Sie sind rückwärts orientiert. Sie sehnen sich letztlich immer nach der scheinbar heilen Welt der Kindheit. Und sie möchten oft genug als Väter diese Geborgenheit wieder herstellen und sind dann enttäuscht, wenn ihre Kinder ihr Bemühen nicht schätzen. So dankbar wir sein dürfen für unsere Kindheit, müssen wir uns doch von den schmerzhaften wie auch den schönen Gefühlen der Vergangenheit befreien. Sonst sind wir in Gefahr, unser ganzes Leben zu versuchen, diese Gefühle wieder herzustellen. Wir sind nicht offen für das, was sich uns im Leben anbietet. Auswandern aus den Gefühlen der Vergangenheit heißt aber auch, daß wir die Verletzungen hinter uns lassen, daß wir nicht ständig andere für unser Leben verantwortlich machen, sondern die Verantwortung für uns übernehmen. Nur so sind wir fähig, uns auf den Augenblick einzulassen und uns den Herausforderungen des Lebens zu stellen.

Drittens soll der Mann auswandern aus dem Sichtbaren. Der Weg der Menschwerdung ist letztlich immer auch ein spiritueller Weg. Es gilt, auszuwandern aus allem, worin ich mich einrichten kann, aus dem Erfolg, aus dem Besitz, aus dem guten Ruf, den ich durch meine Arbeit erzielt habe. Unser Leben ist ein ständiges In-Bewegung-sein. Wir können nicht stehenbleiben, dürfen uns nicht festsetzen auf das, was wir erreicht haben. Männer sind immer in Gefahr, sich auf ihrem Erfolg auszuruhen oder sich am Äußeren festzuhalten, wenn es gilt, einen inneren Weg zu gehen. Frauen stellen sich der inneren Welt ihrer Gefühle und ihren Verletzungen viel eher. Männer meinen oft, sie bräuchten sich nicht um ihre Träume oder um ihre inneren Ahnungen zu kümmern. Es würde genügen, wenn sie nach außen gut funktionierten. Doch das reine Funktionieren wird erkauft mit innerem Stillstand. Auf einmal geht nichts mehr. Sie erstarren, werden hart und unbarmherzig, sich selbst und anderen gegenüber. Die Bibel verzichtet darauf, Abraham als Ideal eines Mannes darzustellen. Sie zeigt auch die Schattenseiten. Wenn die Märchen oder Mythen den Heldenweg eines Mannes beschreiben, dann führt dieser Weg immer auch zu der Begegnung mit dem eigenen Schatten. Und der Held versagt oft. Er macht Fehler. Die Bibel reiht beim Reifungsweg des Abraham einzelne Szenen aneinander. In diesen Szenen können wir eine innere Entwicklung feststellen. Und wir sehen die verschiedenen Gefährdungen, denen Abraham ausgesetzt ist. Abraham ist der Pilger, der durch Fehler und Irrtum lernt und gerade so zum Urbild des Glaubens und zum Stammvater Israels wird, von dem das Volk immer wieder erzählt und an dem es sich mißt.

Die Schattenseite des Pilgers zeigt sich bei Abraham vor allem in der Beziehung zu seiner Frau Sara und seiner Magd Hagar. Damals war es duchaus üblich und erlaubt, daß ein Mann zwei Frauen hatte. Sara selbst fordert Abraham auf, er solle zu seiner Magd gehen, damit sie von ihm schwanger werde. Man könnte Sara und Hagar auch als zwei Seiten der Frau sehen: Sara, die Herrin, ist die ebenbürtige Frau. Hagar ist die Magd. Manche Männer heiraten lieber eine Sklavin als eine Herrin. Bei der Herrin haben sie Angst, unterlegen zu sein. Abraham mißbraucht seine Frau, indem er sie in Ägypten als seine Schwester ausgibt, mit dem Risiko, daß sie vom Pharao zur Frau genommen wird. Solange er seine Frau für seine Zwecke benutzt, kann sie ihm keinen Sohn schenken. Erst als drei Männer den Abraham besuchen und ihm Rückendeckung schenken, wird er fähig, von Sara einen Sohn zu bekommen. Sara traut ihrem Mann nicht zu, daß er sie noch befruchten könne. Das ist heute für viele Männer ein Problem. Biologen haben festgestellt, daß der männliche Same immer unfruchtbarer wird. Viele Männer leiden unter Impotenz. Abraham braucht erst die männliche Energie der drei

Männer, um fruchtbar zu werden. So brauchen Männer die Gemeinschaft mit Männern, die ihnen den Rücken stärken und sie mit ihrer Kraft in Berührung bringen.

Abraham verstößt auf Wunsch Saras seine Magd Hagar und seinen Sohn mit Hagar, Ismael. Er stärkt den beiden nicht den Rücken, sondern fällt ihnen in den Rücken. Er ist zu feige, zu ihnen zu stehen. Wer in sich nur den Pilger entwickelt, der stellt sich nicht seiner Verantwortung gegenüber seiner Frau und seinen Kindern. Das zeigt die für viele schockierende Geschichte vom Opfer Isaaks. Abraham hat seinen Sohn Ismael verlassen und ist in Begriff, seinen Sohn auf dem Altar seines Gottesbildes zu opfern. Doch ein Engel des Herrn hält ihn davon ab. Beide Söhne leiden am Verlassenwerden durch den Vater. Der Pilger bietet seinen Kindern nicht den Halt, den sie brauchen. Wer nur unterwegs ist, verweigert die Verantwortung für die Familie oder für eine Gruppe. Heute erlebe ich Männer, die meinen, sie seien auf dem spirituellen Weg. Aber sie merken gar nicht, wie unverantwortlich sie gegenüber den Menschen handeln, die neben ihnen hergehen. Das ist die Schattenseite des Pilgers, daß er vor lauter Wandern blind wird für die Bedürfnisse der Menschen an seiner Seite.

Man kann die Opferung des Isaak durch seinen Vater verschieden auslegen. Die eine Deutung sagt: Nicht Gott hat dem Abraham befohlen, seinen Sohn zu opfern, sondern sein krankes Gottesbild. Der Engel des Herrn hindert Abraham, seinen Sohn zu opfern. Er lehrt ihn ein anderes Gottesbild. Man kann die Szene aber auch psychologisch verstehen. Dann käme in dieser Geschichte zum Ausdruck, daß in manchen Vätern die Tendenz steckt, den eigenen Sohn zu vernichten. Der Vater erlebt den Sohn manchmal als Rivalen, gerade in Beziehung zur eigenen Frau, die sich mehr für den Sohn interessiert als für den eigenen Mann. Oder der Sohn erinnert den Vater an die eigenen nicht erfüllten Wünsche oder an alles, was er in sich selbst unterdrückt hat. Das kann zur Ablehnung des Sohnes führen, die sich oft auch in körperlicher Mißhandlung äußert. So erzählte mir zum Beispiel ein Sohn, daß der Vater ihn fast totgeschlagen hat, daß die Mutter eingreifen mußte. Der griechische Mythos kennt dieses Thema, daß der Vater seine Söhne vernichtet. Kronos, der als mächtigster Titan über die Erde herrschte, zeugte mit seiner Titanenschwester Rhea die olympischen Götter Zeus, Hades, Poseidon, Hestia, Demeter und Hera. Kronos verschlang jedes Kind unmittelbar nach der Geburt, weil er aufgrund einer Prophezeiung Angst hatte, durch seinen eigenen Sohn entthront zu werden. Nur Zeus konnte er nicht verschlingen, weil Rhea eine List anwandte und ihm einen in »Windel« gewickelten Stein reichte. Wenn wir das Opfer des Isaak mit dem griechischen Mythos vergleichen, dann wäre es die Angst, vom eigenen Sohn entthront zu werden, die den Vater dazu bringt, seinen Sohn zu opfern. Der Mythos ist zeitlos. Auch heute haben manche Väter Angst, von ihrem Sohn entthront zu werden. Und deshalb sind sie unfähig, ihren Söhnen als Vater den Rücken zu stärken.

Vielleicht ist die Bereitschaft, Isaak, seinen Sohn mit Sara, zu opfern, auch Ausdruck, daß Abraham sich an Sara rächen möchte. Sara hatte Abraham dazu gedrängt, seinen Sohn Ismael, den Vatersohn, zu vertreiben. Deshalb will der Vater nun den Muttersohn zum Opfer bringen. Ich erlebe viele Väter, die ihre Muttersöhne nicht ausstehen können. Weil sie nichts Männliches an sich haben, wenden sich die Väter von ihnen ab und entwerten sie. Das ist wie ein Opfern. Solche Söhne tun sich schwer, ihre männliche Identität zu finden. Sie werden nur noch mehr in die Arme der Mutter getrieben. Das aber bedeutet letztlich ihren Tod. Abraham ist blind für das, was er sich anschickt zu tun. Die gefährlichste Blindheit, die sich eines Mannes bemächtigen kann, ist die religiöse Begründung. Abraham meint, Gott verlange von ihm dieses Opfer. Mit Gott rechtfertigt er seine Aggressivität dem Sohn gegenüber. Solche religiösen Überhöhungen von ganz persönlichen Ressentiments erleben wir in der Beziehung zwischen Vater und Sohn häufig. Da meint ein Vater, er müsse seinen Sohn züchtigen, das sei der Wille Gottes. Sonst würde er keine Disziplin lernen. Religiöse Ideologien sind nicht so leicht zu durchschauen. Da braucht es wirklich einen Engel, der dem Vater in den Arm fällt und ihn daran hindert, seinen Sohn zu opfern.

Abraham ist nicht nur zu Beginn seiner Berufungsgeschichte aus seiner Heimat ausgezogen. Er mußte sein Leben lang ausziehen. Er mußte ausziehen aus den Bildern, die er sich von sich selbst gemacht hatte. Abraham war ein tapferer Krieger, aber zugleich feige und berechnend, wenn es um das eigene Leben ging. Da hat er selbst seine Frau dazu mißbraucht, damit es ihm gut gehe. Er mußte ausziehen aus den Bildern, die er sich von seiner Frau bzw. von der Frau überhaupt gemacht hat. Der Mann kann nur zum Mann reifen, wenn er sich von infantilen Bildern der Frau verabschiedet und die Frau als gleichberechtigte Partnerin sieht und sich ihr stellt. Und Abraham mußte auswandern aus den Gottesbildern, die er sich gemacht hatte. Gott ist nicht ein Gott, der Opfer verlangt, sondern einer, der unser Herz, unsere Liebe, will. Gott will vor allem nicht, daß der Sohn geopfert wird. Der Sohn steht auch hier nicht für den leiblichen Sohn, sondern auch für das Neue und Unverbrauchte im Mann, für das innere Kind, das Ursprüngliche und Authentische, das in ihm durchbrechen möchte. Damit ich ganz ich selbst werden kann, muß ich mich verabschieden von einem Gottesbild, das mich in ein bestimmtes Schema preßt. Ich muß mich lösen vom Bild des perfekten Gottes, des rigiden, hartherzigen Gottes, damit der Gott des Lebens in mir Raum bekommt und mein Leben bestimmen kann.

Abraham verkörpert für mich das archetypische Bild des Pilgers. »Der Pilger ist der Archetyp der Veränderung, die Figur, die in der Psyche auftaucht, wenn es Zeit ist, wieder aufzubrechen und eine neue Welt zu suchen.« (Arnold 125) Der Pilger bekennt, daß er die Antwort auf die tiefsten Fragen seines Lebens nicht weiß. Er geht auf Wanderschaft, um die Antwort auf seine Fragen zu finden. Von Zeit zu Zeit ergreift der Archetyp des Pilgers den Mann. Dann zieht er wie Abraham aus aus allem Bekannten und Vertrauten. Im Mittelalter gab es einen regelrechten Pilgerrausch. Zahlreiche Männer brachen auf, um den Pilgerweg nach Santiago de Compostella zu gehen. Der Pilgerweg dauerte neun Monate. Die Männer kamen wie neugeboren nach Hause. Die Wallfahrt nach Santiago zog so viele Männer in den Bann, daß die Könige immer wieder ihren Untertanen verboten, sich auf diesen Pilgerweg zu machen. Heute gibt es eine Renaissance der Pilgerschaft. Der Weg nach Santiago ist von Männern und Frauen aus allen Ländern bevölkert, die sich auf den Weg gemacht haben, um ihrer inneren Sehnsucht zu folgen.

Der Mann muß in Berührung sein mit dem Archetyp des Pilgers und sich von Zeit zu Zeit aufmachen, um das Vertraute und Erreichte hinter sich zu lassen. Sonst erstarrt er innerlich. Sonst verbraucht er seine Energie damit, am Status quo festzuhalten und ängstlich darüber zu wachen, daß alles beim Alten bleibt. Zur Lebendigkeit braucht der Mann den Pilger in sich. Nur so bleibt er auf dem Weg, innerlich wie äußerlich. Nicht umsonst haben zahlreiche spirituelle Autoren den geistlichen Weg als Pilgerweg beschrieben. Wer spirituell lebendig bleiben will, muß sich auf den Pilgerweg zu Gott machen. Er hat Gott nicht als Besitz. Er geht Gott entgegen. Im Fahren wird er erfahren, im Wandern bewandert. Und im Wandeln wandelt er sich, damit Gott mehr und mehr von ihm Besitz ergreift.

Das Wandern oder auch das Laufen kann für Männer ein guter Weg sein, sich innerlich zu befreien von den Sorgen und Problemen, die sie bei der Arbeit bedrücken. Sie können sich freilaufen von Zwängen, von Emotionen, die sie aufwühlen. Sören Kierkegaard meinte, er kenne keinen Kummer, von dem er sich nicht freigehen könne. Die einen Männer machen sich auf den Weg der Freiheit, indem sie meditieren und im Sitzen alles loslassen, woran sie sich klammern. Andere wandern lieber. Sie suchen die körperliche Bewegung, um innerlich auf dem Weg zu bleiben. Ganz gleich, welchen Weg jemand geht, entscheidend ist, daß er immer wieder auszieht, sich auf den Weg macht und sich im Gehen bewußt macht, wohin er eigentlich geht: »Wohin denn gehen wir? – Immer nach Hause«, schrieb Novalis. Aber der Pilger muß sich auch seiner Schattenseiten bewußt werden. Sonst verweigert er die Verantwortung für die Menschen, die ihm anvertraut sind. Dann gibt es um ihn herum nur verlassene und verwaiste Kinder.

3. Isaak: Der Vaterlose

Isaak ist der Sohn des großen Abraham. Söhne großer Männer haben es immer schwer. Oft genug sind Männer, die im Rampenlicht der Öffentlichkeit stehen, daheim nicht präsent. So erleben sich ihre Söhne eher vaterlos. Sie lesen in der Zeitung von der Bedeutung ihres Vaters. Aber in der Familie erleben sie ihn eher als schwach. Dort lebt er seine Schattenseiten aus. Wenn der Vater den Archetyp des Pilgers lebt, findet der Sohn in ihm keinen Halt. So sucht er sich oft eine andere Heimat. Statt sich auf den Weg zu machen, klammert er sich an Normen oder Institutionen. Er lebt den Schatten seines Vaters. Vaterlose Männer suchen in der Religion vor allem Geborgenheit und die Erfüllung ihrer infantilen Wünsche nach dem verlorenen Paradies. Wenn ich die jungen Männer anschaue, die zu unseren Jugendkursen kommen, dann sind unter ihnen viele Verwaiste. Sie kommen voller Sehnsucht, endlich Heimat zu finden. Doch oft benutzen sie die Religiosität, um der Wirklichkeit zu entfliehen, anstatt sich ihr zu stellen und sie zu gestalten. Sie finden sich in der Gestalt des Isaak wieder. Isaak erlaubt ihnen, auch den schwachen Mann in sich anzuschauen und einen Weg zu finden, ihre eigene männliche Identität zu entwickeln. Vaterlose Männer suchen starke Männer, um sich an sie zu lehnen. Wenn sie sich jedoch abhängig machen, werden sie Gurus nachlaufen und sich selbst dabei verlieren.

Isaak ist nicht der stärkste unter den Patriarchen. Er verblaßt hinter Abraham und Jakob. Wir können uns vorstellen, wie ihn die verborgene Aggressivität seines Vaters, die ihn fast getötet hätte, verletzt hat. Die Beziehung zwischen Abraham und Isaak war durch diesen Opferungsversuch sicher getrübt. Isaak ist zu angeschlagen, um sich auf die eigenen Füße stellen zu können. Er führt eher ein passives und kraftloses Leben. (Vgl. Arnold 137) Die Kirchenväter haben diesen Aspekt übersehen. Sie haben Isaak eher idealisiert. Er sei einverstanden gewesen mit seiner Opferung. Und er sei Vorbild für Jesus, den der Vater für uns geopfert hat. Die Bibel selbst kennt diese Idealisierung nicht. Sie schildert uns Isaak eher als einen Mann, der nicht so recht weiß, wer er eigentlich ist. Er ist ein zutiefst vaterloser Mann. Er hat nicht den Halt erfahren, den er gebraucht hätte, um eine kraftvolle und klare Identität aufzubauen. Männer, die als Kind traumatische Verlassenheitserfahrungen durchleben mußten, hängen sich oft an enge Normen. Sie werden konservativ, klammern sich an klare Prinzipien, um ihre Angst vor der Verlassenheit zu kompensieren. Doch damit ecken sie überall an. Sie werden unfähig zu wirklicher Beziehung.

Doch folgen wir der Bibel. Isaak geht nicht selbst auf Brautschau. Vielmehr trägt sein Vater das einem Knecht auf, der in das Land seiner Väter reist, um dort für Isaak eine Frau zu finden. Er bringt Rebekka zu Isaak. Isaak »nahm sie zu sich, und sie wurde seine Frau. Isaak gewann sie lieb und tröstete sich so über den Verlust der Mutter.« (Genesis 24,67) Offensichtlich war Isaak sehr stark an seine Mutter gebunden. Rebekka wird für ihn zum Ersatz für seine Mutter. Das ist tödlich für eine wirkliche Beziehung zwischen Mann und Frau. Wenn der Mann noch an seine Mutter gebunden ist, kann die Beziehung zur Frau nicht gelingen, dann verhungert die Frau neben ihm.

Die Geschichte Isaaks zeigt, daß da keine wirkliche Beziehung zwischen ihm und seiner Frau und seinen Söhnen war. Rebekka gebiert dem Isaak Zwillinge, Esau und Jakob. Zuerst kam Esau aus dem Mutterleib, doch Jakob hielt sich an seiner Ferse fest.

Daher wurde er Jakob (= Fersenhalter) genannt. Esau war rötlich und über und über mit Haaren bedeckt. Er wurde ein Mann des freien Feldes, ein Jäger. Jakob dagegen blieb bei den Zelten. Isaak zog Esau vor, Rebekka den Jakob. Esau war also der Vatersohn und Jakob der Muttersohn. Die Bibel sagt, daß Isaak den Esau liebte, weil er gerne Wildbret aß. Doch für mich ist Esau der Schatten des Isaak. Isaak liebte in seinem Sohn den eigenen Schatten, das, was er sich selbst nicht erlaubte zu leben, das Wilde, Jähzornige, Ungebändigte, das Starke und Kämpferische. Rebekka dagegen liebte den Jakob, den schlauen, den intellektuellen Sohn. Indem sie Jakob liebte, hatte sie teil an seinen Fähigkeiten. Und sie benutzte Jakob, um ihren Willen gegenüber ihrem Mann durchzusetzen. Es war offensichtlich keine klare Beziehung zwischen Isaak und Rebekka. Isaak ließ mit sich geschehen. Rebekka hatte Isaak im Griff. Doch als Isaak durch eine Hungersnot gezwungen war, in die Fremde zu gehen, nach Gerar, da machte er es wie sein Vater Abraham. Er gab seine Frau als seine Schwester aus, damit ihm nichts geschehen könne. In der Öffentlichkeit bestimmte Isaak über seine Frau, doch daheim war Rebekka die eigentliche Herrscherin. So geht es vielen Männern, die in der Öffentlichkeit mit ihrer hübschen Frau angeben, daheim aber von ihr beherrscht werden.

Isaak wird in Gerar reich, so daß die Philister ihn beneiden und ihm die Brunnen zuschütten, die sein Vater Abraham gegraben hatte. Das ist ein Bild dafür, daß Isaak keinen Zugang mehr zu den Brunnen seines Vaters hatte. Er konnte nicht aus der Quelle des Vaters trinken. Er hatte nicht teil an der Kraft des Vaters. Vielleicht hatte seine Mutter Sara den Vater verteufelt und so den Sohn daran gehindert, sich mit ihm zu identifizieren. Ich kenne Söhne, die ihre Väter verachten, weil sie sie nur aus der getrübten Brille der Mutter sehen, die sie als Ausbund von Unzuverlässigkeit und sexueller Gier hinstellen. Solche Abwertung des Vaters wertet die eigene Männlichkeit ab. Dann kann die

Lebenskraft des Vaters nicht in ihm fließen und er wird vertrocknen.

Isaaks Knechte versuchen, die verschütteten Brunnen wieder auszugraben. Aber es gibt immer wieder Streit mit den Hirten von Gerar. Erst als Isaak mit dem Philisterkönig Abimelech einen Vertrag schließt, graben die Knechte einen Brunnen, um den nicht mehr gestritten wird. Jetzt kommt Isaak in Berührung mit seiner eigenen Quelle. Der Vertrag mit Abimelech zeigt, daß er sich mit dem Feindlichen in sich versöhnt hat. Er hat selbst einen Schritt gemacht und hat nicht mehr einfach nur vom Erbe des Vaters gezehrt. Er hat sein Leben selbst in die Hand genommen, wenn auch nur in dem Vertrag mit dem Philisterkönig.

Als Isaak alt geworden und sein Augenlicht erloschen war, gab er seinen Sohn Esau den Auftrag, ihm ein Wild zuzubereiten. Dann würde er ihn segnen. Rebekka hatte mitgehört. Sie weiht Jakob in ihre Pläne ein. Sie wird das Mahl bereiten und er soll es dem Vater servieren. Damit Isaak den Betrug nicht merkt, legt die Mutter dem Sohn Felle von Ziegenböcken um. Denn Esau war behaart im Gegensatz zu Jakob. So erschleicht sich Jakob mit Hilfe seiner Mutter den Segen des Vaters gegenüber dem Erstgeborenen Esau. Der Vater erscheint in dieser Szene vom Erstgeburtssegen als machtlos. Er ist nicht Herr im Haus. Er wird zum Erfüllungsgehilfen seiner Frau. Rebekka rät ihrem Sohn Jakob zu fliehen. Und sie vermag es wieder so einzurichten, daß Jakob sich mit dem Segen seines Vaters Isaak auf den Weg macht und um die Tochter ihres eigenen Bruders Laban werben soll. So verliert Isaak beide Söhne. Esau ist ihm böse, weil er seinen Bruder bevorzugt und gesegnet hat, und Jakob verläßt ihn. Erst kurz vor seinem Tod kommen die Söhne wieder heim zu Isaak, um ihn schließlich gemeinsam zu begraben.

Isaak wiederholt, was ihm von seinem Vater angetan worden ist. Er bleibt in der Opferrolle, in die ihn sein Vater gebracht hat. Er gestaltet sein Leben nicht selbst, sondern er wird von seiner Frau gedrängt, das zu tun, was sie möchte. Aber als Opfer wird er auch zum Täter. Er verletzt seinen Lieblingssohn Esau und damit sich selbst. Seine Söhne zerstreiten sich. Nicht nur Isaak ist von Abraham geopfert worden. Seine Mutter hatte den Vater auch gedrängt, Ismael zu vertreiben. Ismael ist der Schatten des Isaak. Durch die Vertreibung des Bruders wird auch ein Teil von ihm selbst vertrieben. So erlebt Isaak ein doppeltes Verlassenwerden: das Vertreiben seines Bruders und seine eigene Opferung. Beides wiederholt sich nun im Leben des Isaak. Seine Söhne zerstreiten sich, wie sich Isaak und Ismael entfremdet haben und letztlich in der Geschichte zu den feindlichen Brüdern, den Juden und Arabern, wurden.

Isaak mußte einen schmerzlichen Lernprozeß durchlaufen. Er muß lernen, Vater zu werden, seinen Söhnen den Rücken zu stärken, anstatt den einen gegen den anderen auszuspielen. Er muß lernen, seine eigene Geschichte loszulassen, anstatt sie zu wiederholen. Er muß lernen, sein eigenes Leben zu leben. Nur so wird er fähig, seine Söhne zu segnen. Die Bibel beschreibt diesen Lernprozeß nicht mehr. Aber als Isaak satt an Jahren stirbt, da sind seine beiden Söhne wieder versöhnt, und gemeinsam begraben sie ihn. (Gen 35,29) In der Versöhnung der Söhne deutet sich an, daß auch in Isaak ein innerer Friedensschluß stattfindet: der Frieden zwischen dem verwaisten Jungen und dem alten Mann.

Für mich repräsentiert der vaterlose Isaak den Archetyp des Verwaisten, wie ihn Heribert Fischedick beschrieben hat. Der Verwaiste sehnt sich nach dem verlorenen Paradies zurück. Er gebraucht seine Frau als Mutter, die ihm vor allem Geborgenheit schenken soll. Er ist unfähig zu einer wirklichen Beziehung.

Verwaiste leben gerne in einer Welt voller Illusionen, die sie sich vom Leben machen. Sie tun sich schwer, sich dem Leben mit seinen Konflikten zu stellen. Denn jeder Konflikt ist bedrohlich und erinnert sie daran, daß sie nicht mehr im Paradies sind, sondern längst schon daraus vertrieben. Der Verwaiste braucht Raum, um sein Schicksal ausgiebig zu betrauern und zu beklagen. (Vgl. Fischedick 55) Verwaiste erwarten von anderen, daß sie sie verstehen und ihnen das Gefühl von Angenommensein schenken. Oft genug sind diese Erwartungen so groß, daß die anderen sich damit überfordert fühlen. So muß der Verwaiste lernen, »Schmerz und Leid als Teil der Lebenswirklichkeit zu bejahen und die vielen kleinen Tode im Leben zu akzeptieren« (ebd. 70).

Die Spiritualität des Vaterlosen ist geprägt von einer großen Sehnsucht nach Geborgenheit und Erlösung. Doch oft genug trägt diese Spiritualität infantile Züge. Anstatt sich dem Leben mit seinen Konflikten zu stellen, erwartet man von Gott die Lösung aller Probleme. Man neigt dazu, Schmerzen zu verleugnen und zu vermeiden. Gott ist der, der einem sofort Frieden und Freude schenken soll. Doch dieser allzu große Optimismus ist nur die Kehrseite einer pessimistischen Sicht seiner selbst und der Welt. Man schließt die Augen vor den Unbilden der Welt, um sich in seine heile Welt zu flüchten. Vaterlose suchen den Guru, der für sie zu einer unantastbaren Erlöserfigur wird. Sie bauen sich eine heile Welt auf, in der sie sich daheim fühlen. Doch dann geht von ihnen keine Kraft aus. Nur wenn verwaiste Männer sich dem verlassenen Jungen in sich stellen und für ihn väterliche Gefühle entwickeln, kann die Wiederholung der lebenshemmenden Lebensmuster duchbrochen werden und die Wunde kann sich in eine Perle verwandeln. Verwaiste Männer, die sich ihrer Verlassenheit gestellt haben, werden gute Seelsorger und Therapeuten. Sie haben ein Gespür für verlassene Menschen. Sie fallen aber nicht in die Falle, ihnen die Geborgenheit zu schenken, die sie von ihnen erwarten, sondern ihnen den Weg in das eigene Herz zu zeigen, in dem sie sich selbst nahe kommen.

Isaak ist ein Bild für den Softie, der an seiner eigenen Kraftlosigkeit leidet. Der Mann, der von seinem Vater verlassen worden ist und der auch keinen Ersatzvater findet, an dem er seine eigene Identität entwickeln kann, richtet sich in seinem Verhalten nach den Frauen aus. Er übernimmt die Maßstäbe der Frau für sein eigenes Leben. Für ihn wird auch die Gesellschaft zur Ersatzmutter. Anstatt die Gesellschaft selbst zu gestalten, benutzt er sie als Versorgerin für seine Bedürfnisse. Walter Hollstein meint, aufgrund der vielen Softies sei unsere Gesellschaft »unmännlich und pseudo-mütterlich geworden: Sie gewährt Schutz, Sicherheit, Verwaltung, Regeln, Kontrolle, Überwachung, Obhut, Begleitung und Unterhaltung in geradezu verschlingendem Maße« (Hollstein 23). Doch unsere Zeit braucht im positiven Sinn die männlichen Werte wie Verantwortung und Pioniergeist. An Isaak wird deutlich: »Der unmännliche Mann ist auch für die Frauen keine Herausforderung mehr.« (Hollstein 24) Der Mann kann nichts dafür, daß er von seinem Vater verlassen worden ist. Aber er muß sich dieser Verlassenheit stellen und Verantwortung für sich übernehmen. Er muß lernen, sich selbst nahe zu sein, zu sich zu stehen, anstatt sich selbst immer wieder zu verlassen und vor seinem eigenen Mannsein davonzulaufen. Isaak ist eine Herausforderung für den heutigen Mann, sich mit seiner Verletzlichkeit und inneren Verlassenheit auszusöhnen, aus der Opferrolle auszusteigen, um – wie es Isaak am Ende seines Lebens war – zum Segen für andere zu werden.

Es gibt heute viele vaterlose Männer. Sie leiden darunter, daß sie keinen Vater hatten, der ihnen den Rücken gestärkt hat. Sie sind anfällig, sich ganz für die Firma oder für eine Gruppe aufzuopfern. Doch sie opfern auch ihre eigene Kraft. Ihnen fehlt die männliche Energie, selbst etwas zu gestalten, Widerstand zu leisten gegen die Tendenzen der Gesellschaft, wie eine große Mutter alles an sich zu ziehen. Vaterlose Männer flüchten sich häufig in die Opferrolle. Sie fühlen sich als Opfer ihrer Eltern, als Opfer der Gesellschaft. Sie weigern sich, Verantwortung für sich und ihr Leben zu übernehmen. Indem sie sich mit ihrer Opferrolle identifizieren, werden sie aber selbst zum Täter. Sie benutzen andere, um ihre Bedürfnisse zu erfüllen, anstatt selbst für sich zu sorgen. Verwaiste Männer brauchen Väter, damit sie mit ihrer männlichen Kraft in Berührung kommen. Nur dann wird von ihnen Segen ausgehen für die Gesellschaft. Nur dann werden sie diese Gesellschaft mitgestalten, anstatt sich von ihr bestimmen zu lassen. Vaterlose Männer verletzen sich immer wieder selbst. So haben sie wenig Kraft, sich für die Welt einzusetzen und neue Ideen zu entwickeln. Ihnen mangelt es an Mut, die Probleme mutig in Angriff zu nehmen. Sie richten sich eher nach den Erwartungen der anderen, um bei möglichst vielen beliebt zu sein. Unsere Zeit braucht Männer, die die väterliche Energie in guter Weise verkörpern und den Mut besitzen, Lösungen anzustreben, die wirklich helfen, auch wenn sie nicht überall Beifall finden.

4. Jakob: Der Vater

Jakob war ein typischer Muttersohn. Wie kann ein Muttersohn zum Vater werden? Die Bibel erzählt uns von der Entwicklung des Jakob und seinem Weg, wie er von seiner Rolle des erfolgreichen und schlauen Mannes zum Vater reift. Der Weg führt ihn über die Schattenbegegnung. Doch der erste Schritt auf diesem Weg ist das Ausbrechen aus dem Lebensbereich der Mutter. Jakob flieht vor seinem Bruder. Er flieht letztlich vor seinem Schatten. Doch diese Flucht befreit ihn auch von der Mutterbindung, und sie führt ihn letztlich zu sich und seiner eigenen Wahrheit.

Auf der Flucht macht Jakob eine ihn aufwühlende Gotteserfahrung. Er träumt von einer Himmelsleiter, auf der Engel auf- und absteigen. Oben steht Gott und verheißt ihm, daß sein Leben gelingen wird: »Ich bin mit dir, ich behüte dich, wohin du auch gehst, und bringe dich zurück in dieses Land. Denn ich verlasse dich nicht, bis ich vollbringe, was ich dir versprochen habe.« (Genesis 28,15) Hier begegnet Jakob zum ersten Mal seinem Unbewußten. Er spürt, daß es mehr gibt, als sich mit Hilfe des Verstandes durchs Leben zu schlagen. In der Tiefe seines Herzens spricht Gott zu ihm und segnet ihn. Diese Erfahrung des segnenden Gottes ist der erste Schritt auf dem Wandlungsweg des Jakob. Jetzt erkennt er, daß nicht alles von ihm abhängt, von seinem Willen und von seiner Schlauheit. Das Gelingen des Lebens hängt von Gottes Segen ab. Wenn er sich Gottes Willen überläßt, dann wird er seinen Weg finden.

Als Jakob nach vierzehn Jahren Dienst bei Laban mit seinen beiden Frauen, seinen Söhnen und seinem ganzen Besitz nach Hause zieht, wird ihm gemeldet, daß sein Bruder Esau ihm entgegentritt. Jetzt spürt er, daß er sich seinem Schatten stellen muß. Er bekommt Angst und möchte den Bruder mit Geschenken gnädig stimmen. Aber alle menschlichen Versuche, den Groll des Bruders mit Geschenken zu überwinden, wären vergebens, wenn Jakob nicht dem eigenen Schatten begegnen würde. Das geschieht in der eigenartigen Szene des nächtlichen Zweikampfes mit einem dunklen Mann. (Gen 32,23–33) Hier kann Jakob nicht mehr ausweichen. Er muß sich der eigenen Wahrheit stellen: Jakob bringt seine Frauen und Kinder und seinen ganzen Besitz über die Furt des Jabbok. »Als nur noch er allein zurückgeblieben war, rang mit ihm ein Mann, bis die Morgenröte aufstieg. Als der Mann sah, daß er ihm nicht beikommen konnte, schlug er ihn aufs Hüftgelenk. Jakobs Hüftgelenk renkte sich aus, als er mit ihm rang. Der Mann sagte: Laß mich los; denn die Morgenröte ist aufgestiegen. Jakob aber entgegnete: Ich lasse dich nicht los, wenn du mich nicht segnest.« (Gen 32,25–27) Es ist ein Kampf um Leben und Tod. Jakob weicht dem Kampf nicht mehr aus. Er stellt sich und erfährt durch den dunklen Mann, der ihm anfangs so feindlich gegenübertrat, den Segen, der ihn befähigt, nun seinem Bruder ohne Angst zu begegnen.

Männer, die meinen, ohne Kampf auszukommen, bleiben auf ihrem Entwicklungsweg stecken. Das Leben ist ein Kampf. Jeder begegnet auf seinem Weg des Mannwerdens dem eigenen Schatten. Und dem Schatten zu begegnen, ist kein Vergnügen. Die Märchen erzählen uns mit dem gleichen Ernst, daß es in diesem Kampf immer um Leben und Tod geht. Und es ist anfangs gar nicht ausgemacht, daß der Held den Sieg davonträgt. Jakob siegt auch nicht. Doch sein Gegner gibt sich als Engel Gottes zu erkennen. In diesem dunklen Engel segnet Gott den Jakob und gibt ihm einen neuen Namen: nicht mehr Jakob (Betrüger), sondern Israel (Gottesstreiter) soll er sich nennen. In seinem Schatten ist Jakob Gott selbst begegnet. Doch der Schatten hat ihn auch verwundet: Er hinkt wegen des Schlags auf seine Hüfte. Er muß langsamer, behutsamer durch das Leben gehen. Er kann nicht mehr alles, was er möchte. Er muß geschehen lassen. Gerade als der verwundete Kämpfer wird Jakob nun zum Stammvater Israels. Offensichtlich vermag niemand wirklich Vater zu werden, der nicht mit sich und seinen Schattenseiten gekämpft hat. Wer meint, er könne ungeschoren durchs Leben gehen, ohne sich seinem Schatten zu stellen, der wird seine Schattenseiten als Vater auf seine Söhne und Töchter projizieren. Er vermag die Söhne nicht so zu sehen, wie sie wirklich sind. Vielmehr sieht er sie durch die Brille seiner verdrängten Bedürfnisse und Leidenschaften. Ich habe mit vielen Männern gesprochen, denen der Vater nicht das Rückgrat gestärkt hat. Vielmehr hat der Vater ihnen das Rückgrat gebrochen. Der Vater sah in ihnen all das, was er bei sich selbst nicht annehmen konnte, was er sich selbst verboten hat. Und statt mit sich selbst zu kämpfen, hat er dann das Verdrängte im Sohn bekämpft. Sein Kampf wurde aber nicht zu einer Quelle des Segens, sondern des Fluches. Er diente nicht dem Leben, sondern dem Tod. Söhne von Vätern, die ihren Schattenseiten ausgewichen sind, vermögen kaum eine positive Männlichkeit zu entwickeln. Sie werden entweder ihren Vaterhaß gewaltsam ausagieren, oder sie laborieren immer an ihrer eigenen Schwäche. Sie kommen nie auf die Beine und sind unfähig, sich dem Leben mit seinen Herausforderungen zu stellen.

Die Bibel zeigt uns an Jakob, daß es zwei Weisen gibt, dem Schatten zu begegnen. Die erste Weise ist, mit dem Schatten zu kämpfen. Die zweite Weise besteht darin, sich demütig vor dem Schatten zu verneigen und ihn anzuerkennen. Als Jakob seinem Bruder Esau begegnet, wirft er sich siebenmal vor ihm nieder.

Da läuft ihm Esau entgegen, umarmt und küßt ihn. Sie weinen miteinander. Und Jakob ruft aus: »Ich habe dein Angesicht gesehen, wie man das Angesicht Gottes sieht, und du bist mir wohlwollend begegnet.« (Gen 33,10) Interessant ist, daß bei beiden Weisen der Schattenbegegnung jeweils Gott im Schatten erkannt wird. Sowohl im Kampf als auch in der Verneigung vor dem Schatten ahnt Jakob, daß in dem Dunklen ihm der geheimnisvolle Gott begegnet. Letztlich geht es nicht nur um eine »psychologische Bearbeitung« des Schattens, sondern um ein anderes Gottesbild. Wer dem eigenen Schatten begegnet, wird sich nicht mehr zufriedengeben mit allzu glatten und harmlosen Gottesbildern. Für manche Männer ist Gott langweilig geworden, weil wir ihn zu nett und zu lieb dargestellt haben. Die Bibel verweist uns auf einen Gott, der die Abgründe der menschlichen Seele anspricht, der auch den Mann in seiner Bereitschaft zu kämpfen, anrührt. Viele Männer interessieren sich nicht für spirituelle Wege, weil diese Wege zu sanft sind und ihre kämpferische Seite nicht ansprechen. Gott begegnet uns nicht nur im Licht, sondern auch in der Dunkelheit, nicht nur in der Ruhe, sondern auch im Kampf. Gott ist nicht nur zärtlich, sondern auch zupackend und verletzend. Wer sich auf diesen Kampf einläßt, auch mit dem Risiko, verletzt zu werden, der wird erst wirklich zum Mann. Und er wird – so zeigt uns Jakob – zugleich zum Vater, nicht nur zum biologischen Vater, sondern letztlich auch zum geistlichen Vater. Die Wüstenväter haben daher in Jakob ihr Vorbild gesehen. Sie haben wie Jakob mit den Schattenseiten, mit den Dämonen, gerungen und haben ihnen standgehalten.

Eine große Versuchung gerade für den Mann heute besteht darin, daß er sich nur auf seinen Verstand und Willen verläßt und dabei allem aus dem Weg geht, was aus den Tiefen seines Unbewußten aufsteigt. Oft genug hat er auf diesem Weg Erfolg. Doch der Erfolg kann auch eine Falle sein. Der Erfolgreiche hat es nicht nötig, sich dem Schatten zu stellen. C. G. Jung schreibt, der größte Feind der Verwandlung sei ein erfolgreiches Leben. Wer immer erfolgreich ist, der glaube, sein Leben sei in Ordnung. Wenn die Frau die Schattenseiten des Mannes anspricht, dann wehrt dieser sich dagegen. Er versteht gar nicht, was seine Frau meint. Sie hätte Probleme, nicht er. Bei ihm ginge alles glatt. Er sei zufrieden. Doch manchmal zeigt die aggressive Art, wie Männer auf kritische Bemerkungen ihrer Frau reagieren, daß sie nicht so sicher sind, wie sie nach außen hin tun. Sie haben eine heillose Angst, daß jemand den Lack von ihrem erfolgreichen Image abkratzen könnte. Aber irgendwann genügt die alte Strategie nicht mehr. Der Verstand mit seiner Schlauheit hilft nicht weiter, wenn die Kinder sich anders entwickeln, wenn der Leib mit Krankheit reagiert oder die Psyche nicht mehr mitmacht – zum Beispiel indem sie den Erfolgreichen auf einmal nicht mehr schlafen läßt, oder indem sie ihn in Panikattacken stürzt.

Durch die Schattenbegegnung wird Jakob fähig, Vater zu sein. Jakob gilt als der Stammvater Israels. Die Bibel erzählt uns nicht sehr viel, auf welche Weise Jakob Vater ist. Als Jakob bei Laban arbeitet, hat man den Eindruck, daß die Frauen von Jakob möglichst viele Söhne wollen. Rahel sagt zu Jakob: »Verschaff mir Söhne: Wenn nicht, sterbe ich.« (Gen 30,1) Jakob ist dazu da, mit seinen beiden Frauen und ihren Mägden Söhne und Töchter zu haben. Doch von väterlichen Gefühlen merkt man nichts. Nur bei den letzten zwei seiner zwölf Söhne, die ihm beide erst im Alter geboren werden, wird von seiner Liebe zu ihnen gesprochen. »Israel liebte Josef unter allen seinen Söhnen am meisten, weil er ihm noch in hohem Alter geboren worden war.« (Gen 37,3) Weil Israel Josef den anderen Brüdern vorzieht, wird dieser von ihnen gehaßt. Sie sinnen darauf, ihren Bruder umzubringen. Nach dem, was uns die Bibel hier zeigt, kann man also nicht von einer Vateridylle sprechen. Vielmehr muß Israel

(Jakob) durch schmerzliche Erfahrungen hindurchgehen, um allen seinen Söhnen Vater zu sein und für sie zur Quelle des Segens zu werden. Josef wird nach Ägypten verkauft. Und Benjamin, den jüngsten Sohn, muß er loslassen und mit den Brüdern nach Ägypten ziehen lassen. Erst als die Brüder sich mit Josef versöhnen, wird auch Israel für alle in gleicher Weise zum Vater.

Der Vater ist von der Psychologie her der, der den Kindern das Rückgrat stärkt, der ihnen den Rücken freihält, damit sie ihr Leben wagen und es selbst in die Hand nehmen. Der Vater hält seine Kinder nicht fest, sondern er schickt sie in die Welt, damit sie das eigene Leben leben. Aber er ist da, wenn sie ihn brauchen. Zu ihm können sie zurückkommen. An ihn können sie sich anlehnen. Er fällt ihnen nicht in den Rücken, wenn sie Fehler machen, sondern hält ihnen den Rücken frei. Er steht hinter ihnen, wenn sie angegriffen werden. Er ist eine Quelle männlicher Energie für die Söhne. Gerade heute sehnen sich viele Söhne nach dem Vater. Ohne ihn können sie ihre eigene männliche Identität nicht entwickeln. Oft genug reiben sie sich am Vater und rebellieren gegen ihn, wenn er ihnen zu stark ist, wenn er ihnen zuviel Gehorsam abverlangt oder sie mit seinen Erwartungen überfordert. Aber auch diese Rebellion gehört zum Mannwerden. Nur wenn ich mich vom Vater distanziere, kann ich auch die positiven Wurzeln entdecken, die ich in ihm habe.

Ich bin dankbar für die Erfahrung meines Vaters. Mein Vater hat sehr früh seine Eltern verloren. Er ist im Ruhrgebiet aufgewachsen und hat in einer Zeche im Büro gearbeitet. Weil er sich geärgert hat, daß er an katholischen Feiertagen arbeiten mußte, ist er einfach nach München gezogen, ohne jede Absicherung. Er hatte kein Geld. Aber er hat sich einfach durchgeschlagen und ein Geschäft gegründet. Wenn er davon erzählt hat, hat mir das immer imponiert. Nach seinem Tod fand meine Schwester seine Tagebuchaufzeichnungen während der ersten Jahre in

München von 1923 ab. Als ich sie las, spürte ich, wie er seinen Weg mühsam und mit vielen Enttäuschungen selbst suchen mußte. Als Vater war er immer präsent. Denn das Geschäft war in dem Haus, in dem wir auch wohnten. So war er bei allen Mahlzeiten dabei. Wenn wir mit den Nachbarjungen Fußball spielten und uns stritten, sobald wir verloren hatten, dann kam er aus dem Büro. Er schimpfte uns nicht zusammen, sondern ließ uns in zwei Reihen antreten. Dann hielt er uns einen Vortrag über echten Sportsgeist. Wir mußten uns alle die Hand geben und »Hipp, Hipp, Hurra« sagen. Das war dann meistens so witzig, daß wir alle lachen mußten. Damit war die Angelegenheit erledigt. Heute stellen sich viele Väter den Streitereien der Kinder nicht. Sie überlassen die kniffligen Fragen der Mutter und ziehen sich auf die Arbeit zurück. Wenn ich zurückdenke, bin ich dankbar, daß sich mein Vater uns und unseren Reibereien gestellt hat, ohne zu moralisieren und ohne zu schimpfen. Er nahm es vielmehr zum Anlaß, uns zu lehren, daß ein Sportsmann auch lernen muß zu verlieren und trotzdem fair zu bleiben.

Weil mein Vater sich selbst durchs Leben schlagen mußte, hat er uns den Rücken frei gehalten, wenn wir unternehmungslustig waren. Er hatte nie Angst, wenn wir mit unseren Fahrrädern und mit dem Zelt zwei Wochen lang in den Alpen unterwegs waren. Immer wenn wir Pläne hatten, hat er sie unterstützt. Er hat sie nie madig gemacht oder seine Bedenken geäußert. Vielmehr war er stolz, wenn wir etwas in die Hand nahmen und uns etwas ausdachten, was anderen eher unrealistisch vorkam. Als Kind hatte ich die verrücktesten Einfälle. Mit sieben Jahren baute ich mit meinen Brüdern einen Fischteich im Garten. Da im Winter die Fische nicht überlebt hätten, holte ich sie in unsere Badewanne. Die ganze Familie konnte dann wochenlang nicht baden. Ich wundere mich heute noch, daß mein Vater für solche Einfälle Verständnis zeigte. Außer meinen älteren Geschwistern hat da niemand rebelliert. Da mein Vater im ersten Weltkrieg Matrose war, war er immer begeistert, wenn wir in einem Baggersee Fische fingen, und wenn wir sie dann in unseren Fischteich brachten.

Ein andermal schreinerte ich eine Bank aus Brettern zusammen, die ich irgendwo gefunden hatte. Als sie fertig war, zeigte ich sie voller Stolz meinem Vater. Er setzte sich darauf. Und schon brach sie zusammen. Das brachte alle zum Lachen. Der erste Versuch war mißlungen. Aber das hielt mich nicht ab, andere Ideen zu verwirklichen. Ein Vater, der seinen Kindern den Rücken stärkt, fördert ihre Kreativität und ihre Lust am Leben. Für uns wurde es nie langweilig. Wir hatten immer genügend Ideen, wie wir spielen und was wir in Angriff nehmen konnten. Wenn wir später in der Pubertät mit ihm diskutierten und alle anderer Meinung waren als er, hat er nie stur auf seiner Meinung beharrt. Wenn wir ihn mit unseren Argumenten in die Enge trieben, hat er einfach gelacht. Damit wurde die Diskussion entschärft und auch beendet, ohne daß es Verlierer gegeben hat. Auch wir nahmen dann unsere Argumente nicht mehr so tierisch ernst.

Wie jeder Archetyp steckt auch im Bild des Vaters viel Kraft, aber auch Gefährdung. Wer als Vater seine Kinder nicht losläßt, wer einen patriarchalen Führungsstil praktiziert und meint, er könne alles bestimmen, der verfälscht das wahre Vaterbild. Er verwechselt es mit Unfehlbarkeit und autoritärem Führungsstil. Autoritär ist nur der, der kein Rückgrat hat. Weil er im Grunde konfliktscheu ist, muß er ständig auf den Tisch hauen und seine Autorität beweisen. Doch das ist nicht männlich, sondern ein Zerrbild des Mannes. Dahinter spürt man die Angst, daß er entthront und in seiner Unfehlbarkeit in Frage gestellt werden könnte. Männer, die keine positive Vatererfahrung gemacht haben, sind stets mißtrauisch. Und sie haben den Eindruck, sie müßten sich ständig beweisen. Weil sie nicht in sich ruhen, müssen sie ruhelos aktiv werden, um zu beweisen, wie viel männliche Kraft in ihnen steckt. Doch diese Kraft wirkt ohne gute Vatererfahrung meistens zerstörerisch. Sie baut nicht auf, weil sie narzißtisch ist. Es geht nicht um die Lust, etwas zu gestalten, sondern um den Druck, sich beweisen zu müssen, um endlich vom Vater gesehen zu werden. In der Politik sehen wir, wie solche Vaterlosigkeit verheerend wirkt. Man benutzt ein ganzes Volk, um seine Vaterwunden auszuagieren.

Zum Mannwerden gehört das Vatersein, ganz gleich ob der Mann nun auch biologisch Vater von Söhnen oder Töchtern ist oder nur geistig. Vater sein heißt, anderen den Rücken zu stärken, ihnen Lust am Leben zu vermitteln, ihnen Halt zu geben, so daß sie es wagen, ihr Leben selbst in die Hand zu nehmen. In der Nähe des Vaters wagen die Söhne und Töchter auch Fehler zu machen. Sie wissen, daß der Vater ihnen nicht in den Rücken fällt. Sie dürfen auch zu ihm kommen, wenn sie Irrwege gegangen sind. Der Vater klammert nicht. Er läßt die Kinder los. Aber er steht zu ihnen. Die Kinder wissen, daß sie immer zurückkommen können, um sich an ihn anzulehnen und um Hilfe und Trost bei ihm zu finden.

Viele Männer, die sich einseitig auf ihren Beruf verlegen, verweigern die Vaterrolle. Sie können zwar ihre Firma führen, aber nicht ihre Kinder. Bei der Auseinandersetzung mit ihren Kindern spüren die Männer, daß sie sich nicht hinter ihren Rollen verstecken können. Die Kinder erinnern sie an die eigenen Schattenseiten. Die Kinder bewundern den erfolgreichen Geschäftsmann nicht. Sie fordern ihn als Mensch und Vater heraus. Vater wird nur der, der sich von seinen Kindern die eigenen Schattenseiten zeigen läßt. Sich der eigenen Ohnmacht und dem Schatten zu stellen, ist die Voraussetzung, den Kindern wirkliche Nähe zu zeigen und ihnen den Rücken zu stärken, wenn sie einmal versagt haben. Viele Männer haben den Eindruck, sie müßten das Erfolgsrezept, das sie in der Abwesenheit anwenden, auch in ihren Familien leben. Doch das mißlingt. In der Firma ist Schnelligkeit gefragt. Doch die Familie erwartet, daß der Vater Zeit für sie hat. Mir hat ein Manager erzählt, er stopfe daheim zuviel in die wenige Zeit, die er mit den Kindern verbringt. Da meint er, er müsse die Zeit möglichst effektiv nutzen und mit den Kindern viel unternehmen. Doch die wollen gar nicht. Die wollen einfach nur, daß der Vater da ist, daß er mit ihnen spielt, daß er Zeit für sie hat. Sie wollen von ihm nicht als Leistungsträger benutzt, sondern als Kinder ernst genommen werden.

Gerade in unserer Zeit wären Männer notwendig, die mit ihrem Vatersein in Berührung kommen. Schon Alexander Mitscherlich hat in den sechziger Jahren des letzten Jahrhunderts von der vaterlosen Gesellschaft gesprochen. Viele Väter sind damals im Krieg geblieben. Aber auch heute sprechen Psychologen von Vaterentbehrung. Viele Väter sind nach wie vor abwesend bei der Erziehung. Sie stärken ihren Kindern nicht das Rückgrat. Sie ärgern sich, daß sich ihre Kinder anders entwickeln, als sie sich das vorgestellt haben. Sie überlassen die Kindererziehung lieber den Müttern. Sie wollen sich nicht ständig mit ihren Kindern auseinandersetzen. Aber die Kinder bedürfen der Vaterenergie, um wachsen zu können. Die Kinder wollen den Mann sehen, der mit ihnen ringt, und nicht den Geschäftsmann, der seine Energie nur nach außen lebt und in der Familie nur seine Ruhe haben will.

Nicht nur die Familie braucht den Vater, sondern auch die Gesellschaft. Der Vater ist nicht nur für seine Kinder da. Er übernimmt auch Verantwortung für die, die zu kurz gekommen sind, die sich verwaist und verlassen fühlen, die am Rande der Gesellschaft stehen. Vater ist der, der den Kopf hinhält, wenn in der

Familie etwas schiefläuft. Er verweigert sich nicht der Verantwortung. Er stellt sich vor seine Familie. Er stellt sich vor Menschen, die selbst kein Rückgrat haben. Viele Priester übernehmen für andere Menschen diese ›Vaterrolle‹, nicht zufällig ist der Titel für einen Ordenspriester Pater (lateinisch für »Vater«). Sie werden für Menschen, die keine Orientierung haben, zum Vater. Sie begleiten sie auf ihrem Weg. Sie geben ihnen Halt, ohne sie von sich abhängig zu machen. Ich erlebe heute eine große Sehnsucht nach Vätern, auf die man sich verlassen kann. Manchmal wird da soviel auf mich projiziert, daß ich diese Erwartungen nicht erfüllen kann. Aber ich spüre in diesen Projektionen die mangelnde Vatererfahrung heraus und die Sehnsucht, sich an Väter anlehnen zu können. Solche vaterlosen Menschen fallen leider oft Männern in die Hände, die vorgeben, wie Väter zu ihnen zu sein, die es aber in Wirklichkeit nicht sind. Sie machen sich dann vaterlose Menschen hörig und bestimmen sie, anstatt ihnen zu helfen, den eigenen Weg zu finden und mit ihrer männlichen Energie in Berührung zu kommen.

Zusammenfassend könnte man sagen, daß zwei Haltungen charakteristisch sind für den Vater: die Entschlossenheit und der Großmut. Väter handeln, wenn es die Situation erfordert. Sie treffen Entscheidungen, anstatt alle Probleme vor sich her zu schieben. In vielen Firmen, Gremien und Gruppen fehlt es heute an väterlichen Männern, die den Kopf hinhalten, die Verantwortung übernehmen und Entscheidungen treffen. Viele Männer treffen lieber keine Entscheidung, aus Angst, sie könnten einen Fehler machen. Doch dann geht von ihnen nichts Neues aus. Sie sind konfliktscheu und tragen nichts zur Klärung der Situation bei. Die andere Haltung ist der Großmut. Väter sind nicht kleinlich und kleinkariert. Sie haben ein weites Herz. Sie trauen den Kindern oder denen, die sie begleiten, etwas zu. Solche Väter mit einem weiten Herzen braucht unsere Zeit. Ich bin dankbar, einen solchen Vater gehabt zu haben.

5. Josef: Der Magier

Jakob war der Lieblingssohn seiner Mutter. Josef ist der Liebling des Vaters. Er ist ein typischer Vatersohn. Das weckt den Neid, ja sogar den Haß seiner Brüder. Josef fühlt sich als etwas Besonderes. Er erzählt seinen Brüdern einen Traum, in dem er mit ihnen auf dem Feld Garben band. Seine Garbe richtete sich auf, die Garben der anderen aber umringten sie und verneigten sich vor ihr. Die Brüder antworten ihm auf seinen Traum: »Willst du etwa König über uns werden oder dich als Herr über uns aufspielen? Und sie haßten ihn noch mehr wegen seiner Träume und seiner Worte.« (Genesis 37,8) Es ist also nicht nur die Vorliebe des Vaters, die den Neid der Brüder hervorruft, sondern auch das Verhalten des Josef, der sich darin sonnt, etwas Besonderes zu sein, der Liebling des Vaters, der alles erhält, was er möchte. Josef macht seine Brüder aggressiv, weil er sich nicht einfach anpaßt, sondern seinen eigenen Träumen traut. Er hat noch eine andere Quelle, aus der er leben kann: die Welt des Unbewußten, die Welt der inneren Inspiration. Das ist die Welt des Magiers.

Als Josef auf Geheiß seines Vaters seinen Brüdern, die das Vieh weiden, etwas zu essen bringt, beschließen sie, ihn umzubringen. Doch Ruben, der älteste Sohn, tritt für seinen Bruder ein. Er will ihn aus der Hand seiner Brüder retten und dem Vater zurückgeben. Daher verzichten sie darauf, ihn zu töten. Sie werfen ihn in eine Zisterne. Als Kaufleute vorbeiziehen, macht Juda den Vorschlag, Josef an sie zu verkaufen. Es sind Ismaeliter, also Nachkommen Ismaels, des Bruders Isaaks. Josef, der Lieblingssohn des Jakob, gerät in die Hände Ismaels, des in der Wüste geschickten Bruders seines Großvaters. Man könnte sagen, die Geheimnisse seiner eigenen Familiengeschichte holen ihn hier ein. Die nicht aufgearbeiteten Schattenseiten seiner eigenen Geschichte tauchen auf und wollen bearbeitet werden. Josef muß sich erst mühsam aus dem Schatten der Familie befreien. Aber zunächst begegnet der Sohn, dem alle väterlichen Wohltaten in den Schoß fallen, der eigenen Ohnmacht, der Angst und der Verlassenheit. In der dunklen Zisterne fühlt er sich verlassen und dem Tod preisgegeben. Die Ismaeliter, denen die Brüder Josef verkaufen, bringen ihn nach Ägypten und verkaufen ihn an Potifar, einen Hofbeamten des Pharao. Zunächst glückt Josef alles, weil Gott mit ihm ist. Potifar findet Wohlgefallen an Josef und vertraut ihm seinen ganzen Besitz an. Doch das Glück dauert nicht lange. Die Frau des Hofbeamten hat ein Auge auf Josef geworfen. Sie fordert ihn auf, mit ihr zu schlafen. Aber Josef weigert sich. Das wäre für ihn ein Vertrauensbruch gegenüber seinem Herrn und Sünde gegenüber Gott. Als die Fau ihn beim Gewand packt, damit er mit ihr schlafe, flieht Josef. Die Frau klagt nun ihn an und zeigt das Gewand als Zeichen, daß Josef sie bedrängt habe, mit ihr zu schlafen. Der Herr wird zornig und wirft Josef ins Gefängnis. Wieder erfährt Josef Verlassenheit und Dunkelheit. Doch Gott ist mit ihm.

Im Gefängnis deutet Josef zwei Mitgefangenen die Träume. Die beiden erleiden genau das Schicksal, das ihnen Josef aufgrund ihrer Träume vorhergesagt hat. Der Oberbäcker wird an einem Baum aufgehängt, der Obermundschenk wird wieder in sein Amt eingesetzt. Zwei Jahre später hat der Pharao einen Traum, den er nicht versteht. Auch die Weisen und Wahrsager Ägyptens können den Traum nicht deuten. Da erinnert sich der Obermundschenk an Josef und erzählt dem Pharao von seiner Kunst, Träume zu deuten. Der Pharao läßt Josef rufen, damit er ihm seinen Traum deute. Doch Josef antwortet: »Nicht ich, sondern Gott wird zum Wohl des Pharao eine Antwort geben.« (Gen 41,16) Josef sagt dem Pharao aufgrund seiner Träume sieben fette und sieben magere Jahre voraus. Und er rät ihm, Vorratshallen anzulegen, damit man den Ertrag der fetten Jahre aufbewahren und so die mageren Jahre gut überstehen könne. Der Pharao setzt Josef selbst zum Verwalter seines Reiches ein. Er sagt seinen Hofleuten: »Finden wir einen Mann wie diesen hier, einen, in dem der Geist Gottes wohnt?« (Gen 41,38) So wird Josef zum mächtigsten Mann in Ägypten. Sein Unglück hat sich in neues Glück gewandelt. Weil er sich auf Träume versteht und weil er von Gott gesegnet wird, gelingt ihm alles. Während alle Welt hungert, kann Josef der Magier, aus vollen Vorratskammern schöpfen.

Weil die Hungersnot auch in Kanaan wütet, ziehen Josefs Brüder nach Ägypten, um dort Brotgetreide zu kaufen. Josef erkennt seine Brüder, aber er gibt sich nicht zu erkennen. Er gibt ihnen das Getreide nur unter der Bedingung, daß sie zu ihrem Vater heimfahren und den jüngsten Bruder bringen. Jakob weigert sich, seinen jüngsten Sohn ziehen zu lassen. Er hat Angst, er würde umkommen. Als die Hungersnot drückender wird, verbürgt sich Juda für Benjamin. So kommen die Brüder wieder zu Josef. Josef stellt sie wieder auf die Probe. Er läßt ihre Säcke mit Getreide füllen. In den Sack Benjamins läßt er seinen Silberbecher legen. Dann läßt er die Brüder verfolgen. Benjamin soll sein Sklave werden. Als Juda sich für ihn verbürgt, kann sich Josef nicht mehr halten. Er gibt sich zu erkennen. Weinend sagt er seinen Brüdern: »Ich bin Josef, euer Bruder, den ihr nach Ägypten verkauft habt. Jetzt aber laßt es euch nicht mehr leid sein, und grämt euch nicht, weil ihr mich hierher verkauft habt. Denn um Leben zu erhalten, hat mich Gott vor euch hergeschickt.« (Gen 45,4f) Josef versöhnt sich mit seinen Brüdern. Er hat in seinem Geschick Gott selbst am Werk gesehen. Gott hat das Böse in Gutes verwandelt. Er hat den Todeswunsch der Brüder in Segen für die ganze Familie verwandelt. Josef ist durch die Verletzungen, die ihm die Brüder zugefügt haben, nicht verbittert. Er kann sich mit ihnen aussöhnen, weil er sich von Gott geschützt und gesegnet fühlt. Schon seine Träume, die er als Kind hatte, hatten ihm verheißen, daß sein Leben gelingt. Diese Träume haben ihn in der Verlassenheit der Zisterne und im Gefängnis in Ägypten das Vertrauen geschenkt, daß Gott ihn nicht verläßt. Der Lieblingssohn des Vaters konnte nicht mehr auf die Hilfe seines Vaters hoffen. Der war weit weg. Doch er hat Gott als seinen Vater entdeckt, dem er sich anvertraut, und der ihn sicher durch alle Wirrnisse des Lebens führt.

Josef hört auf die Träume und versteht sie zu deuten. So zeigt sich Josef mit einer besonderen Begabung. Die wird ihm zum Segen. Er wird Herrscher über das ganze Land. Als Josef seinen Brüdern begegnet, zeigt er seine Gefühle. Er verliert die Fassung des Mächtigen. Er küßt weinend alle seine Brüder. Jetzt fühlt sich Josef nicht mehr als etwas Besonderes, er ist einer unter den Brüdern. Man könnte sagen: Jetzt wird er beziehungsfähig. Jetzt ist er nicht mehr der Lieblingssohn, der sich über die Brüder stellt, sondern einer, der ihnen um den Hals fällt und mit ihnen eins wird. Die neue Beziehung zu seinen Brüdern führt dazu, daß der Pharao seine ganze Familie einlädt, nach Ägypten zu kommen. So lassen sich die Israeliten in Ägypten nieder, für 400 Jahre. Josefs Schicksal prägt also das künftige Geschick eines ganzen Volkes.

Josef ist das Bild eines Mannes, der sich nicht auf seine beruflichen Erfolge beschränkt, sondern zugleich auf seine Träume hört und Gefühle zeigt. Er identifiziert sich nicht mit seiner Herrscherrolle, sondern steigt herab von seinem Thron und ist Bruder unter Brüdern. Zu dieser Weisheit ist Josef gelangt, weil er durch Verlassenheit, Ohnmacht, Einsamkeit und Dunkelheit hindurchgegangen ist. Er hat den typischen Weg durchlaufen, den die Märchen als Heldenweg beschreiben. Jeder Mann muß durch Gefahren hindurch, er muß sich und alle seine Pläne loslassen, wenn er in aussichtslose Situationen gerät, um sich allein in Gottes Hände zu begeben. Nicht er hat seinen Erfolg in der Hand, sondern er überläßt sich ganz Gottes Hand. Und Gottes Hand garantiert, daß sein Leben gelingt, auch wenn es immer wieder Situationen gibt, die eher einem Scheitern ähneln als dem Erfolg.

Auch in Josef gibt es viele Bilder, die er verwirklicht. Er ist der Traumdeuter, der Politiker, der Organisator. Ich möchte in ihm den Archetyp des Magiers anschauen. »Der Magier steht auf eigenen Füßen auf dem Boden dieser Welt, ausgestattet mit den Gaben des Universums. Er kennt die ewigen Gesetze von Werden und Vergehen, die Ordnung der Schöpfung, und er verwirklicht auf Erden, was er erkannt hat. Er ist fähig, das vordergründige Erscheinungsbild dieser Welt zu duchschauen und die Wiklichkeit im Hintergrund zu erkennen.« (Fischedick 236) Der Magier beherrscht die Kunst, diese Welt zu gestalten aus dem Wissen um das Überweltliche, um das Göttliche. Der Magier erkennt die Ordnung in allem. Er zeichnet sich aus durch innere Klarheit. Joseph gestaltet die Welt aus dem Wissen um die Träume, in denen ihm Gott selbst den Hintergrund aller Wirklichkeit aufzeigt. Er organisiert die Politik Ägyptens nicht aus rein rationaler Überlegung heraus, sondern auf dem Hintergrund der Träume, die er mit Gottes Hilfe zu deuten vermag. Der Magier ist eingeweiht in die tiefen Geheimnisse dieser Welt. Er hat Kontakt zu Gott. Und aus dieser inneren Verbundenheit mit Gott kann er die Welt nach Gottes Willen gestalten. Bei aller Weltbezogenheit vergißt er nie die mystische Dimension seines Lebens.

Wie jeder Archetyp steckt auch der des Magiers voller Gefahren. Wer mit dem Magier in sich in Berührung kommen will, muß es mit großer Vorsicht tun. Und er braucht immer auch Abstand zum Archetyp des Magiers. Wenn er sich mit dem Archetyp identifiziert, dann bläht er sich auf. Er fühlt sich als Quelle großer Magie, anstatt ihr Werkzeug zu sein. Solche Ego-Aufblähung führt zum typischen Guru, der über große Talente verfügt und Menschen durch eine außergewöhnliche Ausstrahlung an sich bindet, aber blind ist für die eigenen Schattenseiten. Wer nicht inneren Abstand zum Magier in sich hat, der verführt andere Menschen durch seine Magie und richtet sie zugrunde. Es ist letztlich geistlicher Mißbrauch, den er treibt. Die spirituelle Arroganz und die Ego-Aufblähung ist eine große Versuchung für jeden Priester, Therapeuten und Fernsehprediger.

Männer, die heute eine leitende Aufgabe innehaben, spüren, daß sie des Magiers in sich bedürfen. Nur mit dem Verstand allein können sie ein großes Unternehmen nicht führen. Sie brauchen die Verbindung zu der inneren Quelle, zur göttlichen Quelle von Inspiration und Kreativität. Sie müssen mit dem Archetyp des Magiers in Berührung kommen, »der die Ressourcen des inneren Bewußtseins in einem Mann mobilisiert« (Arnold 149). Der Archetyp des Magiers schließt das Potential an Inspiration, an Kreativität, an eigenen Möglichkeiten auf, das in ihrer Seele bereitliegt. Männer, die nur auf das Vordergründige schauen, die alles nur berechnen und organisieren, lassen dieses innere Potential ihrer Seele ungenutzt. Wer Zugang zum inneren Magier findet, der handelt nicht nur aus dem Kopf heraus, sondern er folgt inneren Eingebungen, die den Alltag und die Arbeit weit mehr befruchten als rein rationale Überlegungen.

Die Frage ist, wie wir Zugang finden zum inneren Magier. Die Geschichte des Josef zeigt, daß die Vaterbeziehung eine wichtige Quelle ist, aus der der Magier schöpft. Josef ist der Vatersohn. Mein Vater hat uns als Kinder voller Begeisterung abends, wenn es dunkel war, die Sterne und Sternzeichen erklärt. Da wurde etwas vom Geheimnis der Welt sichtbar. Wenn er mit uns im Wald spazieren ging, hielt er uns Vorträge über die Schönheit der Bäume. Meine jüngste Schwester hat das wenig interessiert. Sie wollte nur zum nächsten Kiosk, um etwas Süßes zu bekommen. Doch davon ließ sich mein Vater nicht abhalten, uns das Geheimnis der Schöpfung zu erklären. Und er hat uns eingeführt in das Numinose der Liturgie. Wenn er vom Sinn der Feste Weihnachten und Ostern erzählte, spürte ich, daß da sein Herz berührt war vom Geheimnis der Menschwerdung Gottes und unserer Erlösung. Als ich im Internat war, hat er mir immer wieder geschrieben, nicht nur über das, was zu Hause geschah, sondern auch über seine Sicht von Gott und Welt. Im Noviziat schrieb er mir: »Das Prinzip des Christentums besteht in der Liebe. Wer dies erfaßt hat, dem wird es leicht, die wohlwollende Verbundenheit Gott und den Menschen gegenüber zu erwidern.« Von meinem Vater habe ich die Lust am Denken bekommen, aber nicht, um viel zu wissen, sondern um die Hintergründigkeit des Daseins zu erahnen. Mein Vater hat seine Lust am Lesen und Denken in seinem kaufmännischen Beruf entfaltet. Er mußte seine Existenz aus dem Nichts aufbauen. Trotzdem war ihm nie genug, nur für das Äußere zu sorgen. Ob es Silvester war oder bei anderen familiären Feiern, immer hielt er eine Rede, in der er auf das Eigentliche hinwies, auf das es im Leben ankam, auf das Leben aus Gott und mit Gott.

Der Magier hat seine Fähigkeit zur Intuition nicht aus sich selbst. Er hat sie letztlich von Gott bekommen. Was er tun kann, ist: den eigenen Träumen zu trauen. Etwas vom Magier haben wir alle in uns. Wie Josef sollen wir daher darauf vertrauen, daß Gott im Traum zu uns spricht. Und wir sollten den Kontakt mit der inneren Welt des Geistes in uns suchen. Ein wichtiger Weg dazu ist die Meditation, die uns in Berührung bringt mit dem inneren Raum des Schweigens. Dort, wo kein Mensch Zutritt hat, wo unsere Sorgen und Grübeleien nicht hindringen können, dort ahnen wir, daß in uns eine Quelle des göttlichen Geistes sprudelt, eine Quelle, die nie versiegt, weil sie eben göttlich ist. Um diese Welt zu gestalten brauchen wir einen Ort außerhalb dieser Welt, einen inneren Ort, über den die Welt keine Macht hat. Von daher bekommen wir genügend Abstand, um über die Tagesprobleme hinauszublicken, und das zu erkennen, worauf es eigentlich ankommt. So suchen gerade Männer, die in Wirtschaft und Politik eine Leitungsaufgabe haben, nach spirituellen Wegen für sich. Sie fühlen sich angezogen vom mystischen Weg. Mystik ist kein weltfernes Sich-zurückziehen, sondern mitten in der Welt ein In-Berührung-sein mit dem Überweltlichen, mit dem Transzendenten, mit Gott. Und aus dieser Erfahrung heraus gelingt es dann besser, sich den Problemen des Tages zu widmen, ohne darin aufzugehen.

6. Mose: Der Führer

Mose ist der typische Führer. Er führt sein Volk aus der Gefangenschaft Ägyptens in die Freiheit des Gelobten Landes. Mose ist der, der andere Menschen zu führen versteht. Doch das Volk ist auch ein Bild für Anteile seiner eigenen Seele. Mose ist der, der sich selbst zu führen vermag. Die Bibel beschreibt uns den Weg, wie Mose es lernt, sich selbst und das Volk zu leiten. Mose ist nicht einfach als Führer geboren. Und bei seiner Führung geht auch nicht alles glatt. Zunächst ist Mose schon von Geburt an ein begnadetes Kind. Der Pharao hatte befohlen, daß alle neugeborenen Kinder sterben müssen. Als Mose geboren wurde, sah die Mutter, daß es ein schönes Kind war. Sie brachte es nicht übers Herz, es zu töten. So verbarg sie es drei Monate. Dann setzte sie es auf dem Nil aus. Die Tochter des Pharao fand das Kästchen mit dem weinenden Kind. Sie nahm es als ihren Sohn auf und gab ihm den Namen Mose: »Ich habe ihn aus dem Wasser gezogen.« (Exodus 1,10) Mose ist ein Bild für uns alle. Wir alle sind letztlich ausgesetzte Kinder, Söhne und Töchter des Pharao, Söhne und Töchter der Sonne. Doch wir wachsen auf in der Fremde, ausgesetzt den Unbilden und Gefahren des Lebens. Der Mythos vom ausgesetzten Kind, das eine außerordentliche Begabung hat, das letztlich göttlichen Ursprungs ist, ist weit verbreitet: angefangen von Romulus und Remus über Ödipus, Krishna, Perseus, Siegfried, Buddha, Herakles und Gilgamesch bis zu Jesus, der schon als Kind nach Ägypten fliehen mußte. Der Mythos zeigt uns, daß wir alle ausgesetzte göttliche Kinder sind. Doch wenn wir in Berührung kommen mit dem göttlichen Kind in uns, dann entdecken wir erst unsere eigentliche Begabung und unsere Sendung, die Gott uns zutraut. Wir bleiben nicht stehen bei dem verletzten Kind, das wir auch sind. Das göttliche Kind in uns steht für die Erneuerung und für das wahre, unverletzte Selbst, das bei allen Gefährdungen unseres Lebens in unserem Inneren von Gottes Hand geschützt ist.

Mose wächst heran. Als er sieht, wie ein Ägypter einen Hebräer schlägt, tötet er ihn und verscharrt ihn im Sand. Am nächsten Tag will er den Streit zwischen zwei Hebräern schlichten. Da spricht ihn der eine Mann auf den Mord an dem Ägypter an. Mose flieht nach Midian. Dort heiratet er die Tochter des dortigen Priesters. Seinen Sohn nennt er Gerschom (Ödgast, Gast in der Fremde, in der Öde, in der Wüste). Mose ist gescheitert. In der Fremde muß er sein Leben fristen. Sein erster Versuch, Führung zu übernehmen, ist fehlgeschlagen. Er hat seiner eigenen Kraft vertraut. Aber er war noch nicht sich selbst und seiner eigenen Ohnmacht begegnet. Offensichtlich vermag nur derjenige andere zu führen, der einmal gescheitert ist und in der Fremde seine Einsamkeit und sein mangelndes Führungstalent schmerzlich erlebt hat.

Als Mose die Schafe und Ziegen seines Schwiegervaters weidet, »erschien ihm der Engel des Herrn in einer Flamme, die aus einem Dornbusch emporschlug« (Ex 3,2). Aus dem brennenden Dornbusch spricht ihn Gott an: »Ich habe das Elend meines Volkes in Ägypten gesehen ... Ich sende dich zum Pharao. Führe mein Volk, die Israeliten, aus Ägypten heraus!« (Ex 3,7.10) Mose wehrt sich. Er fragt erst nach dem Namen Gottes. Da offenbart sich Gott als Jahwe, als »Ich bin der Ich-bin-da« (Ex 3,14). Dann kommen die Selbstzweifel. Wie soll er das Volk überzeugen? Jahwe zeigt ihm Zauberkunststücke, mit denen er das Volk überzeugen könne. Doch zuletzt verweist Mose auf sein mangelndes Redetalent. Gott wird zornig über

Mose. Und er befiehlt ihm, seinen Bruder Aaron als sein Sprachrohr zu nehmen.

Mose ist nicht der geborene Führer, der aus einem großen Selbstbewußtsein heraus eine Führungsaufgabe übernimmt. Er muß erst seiner eigenen Ohnmacht und Unbrauchbarkeit begegnen, die er im Bild des Dornbuschs erkennt. Mose zweifelt daran, daß die Menschen auf ihn hören. Und er leidet daran, daß seine Zunge schwerfällig ist. Gott muß ihn zu seiner Aufgabe drängen. Gott sendet ihn zu seinem Volk. Und er läßt sich von den Selbstzweifeln des Mose nicht davon abhalten, gerade ihn zur Führungsaufgabe zu bestellen. Viele Männer, die in Firmen eine führende Position innehaben, meinen, sie wären die geborenen Führer. Doch solche Männer gehen in ihrer Führung oft über ihre Mitarbeiter hinweg. Wenn Männer wie Mose einmal ihrer eigenen Ohnmacht begegnet sind, dann führen sie behutsamer. Dann haben sie einen Blick für die Belange ihrer Mitarbeiter. Und dann erkennen sie eher, worauf es bei der Führung ankommt.

Es ist keine leichte Aufgabe, die Mose übernimmt. Das Volk kann er zunächst durch seine Zauberkunststücke leicht überzeugen. Doch als der Widerstand des Pharao gegen das Volk immer stärker wird, beginnt das Volk zu murren. Es würde nur alles schlimmer durch seinen Versuch, das Volk zu befreien. Dann muß Mose in hartnäckigen Verhandlungen den Pharao dazu bringen, das Volk ziehen zu lassen. Auch das gelingt nicht ohne großen Widerstand des Pharao. Nur durch viele Plagen, die Gott über Ägypten kommen läßt, läßt sich der Pharao dazu überreden, das Volk ziehen zu lassen. Die Plagen stehen für den Widerstand, den die bisherige Ordnung leistet, um alles beim Alten zu lassen. Jeder, der eine Gruppe, eine Firma, eine Gemeinschaft führt, weiß, wie hart so ein Widerstand sein kann. Da verdunkelt sich alles. Da fallen Heuschrecken über die Ernte her, und scheinen alles zu vernichten. Da braucht es ein großes Vertrauen in die göttliche Sendung, um sich von diesem Widerstand nicht abhalten zu lassen und in Resignation zu verfallen.

Schließlich gelingt es Mose, das Volk aus Ägypten zu führen. Doch der Pharao verfolgt es. Das Volk steht vor dem Meer und sieht die Ägypter heranstürmen. Es rebelliert gegen Mose: »Warum hast du uns aus Ägypten herausgeführt? Haben wir dir in Ägypten nicht gleich gesagt: Laß uns in Ruhe! Wir wollen Sklaven der Ägypter bleiben.« (Ex 14,11f) Es ist schwer für Mose, ein Volk in die Freiheit zu führen, das vor jedem Schritt in die Freiheit Angst bekommt und sich nach den Fleischtöpfen Ägyptens zurücksehnt. Lieber will es Sklave bleiben, als sich den Gefahren der Wüste zu unterziehen. Der Weg in die Freiheit geht aber nur über die Gefahr des Untergehens und des Verdurstens. Auch nach dem erfolgreichen Durchzug durch das Rote Meer, in dem die verfolgenden Ägypter untergehen, murrt das Volk bei jeder Widrigkeit. Das Wunder des Roten Meeres hat es nicht überzeugt. Mose muß immer wieder zu Gott um Hilfe schreien. Und er leidet an der Last des Volkes. Er beklagt sich bei Gott: »Was soll ich mit diesem Volk anfangen? Es fehlt nur wenig, und sie steinigen mich.« (Ex 17,4)

Gott zeigt dem Mose, wie er das Volk mit seinen Bedürfnissen zufriedenstellen kann. Als sich die Amalekiter dem Volk entgegenstellen, kämpft Mose nicht an erster Stelle. Er stellt sich vielmehr auf den Berg und betet für das Volk. Er hält die Beziehung zu Gott aufrecht. Er weiß, daß die Freiheit nur mit Hilfe des Gebetes erreicht werden kann. Das Gebet stärkt das Volk im Kampf gegen die Amalekiter. Mose ist nicht nur der Beter, sondern auch der Richter. Zu ihm kommen die Leute den ganzen Tag, damit er ihre Streitigkeiten regelt und Recht spricht. Als sein Schwiegervater das sieht, sagt er zu Mose: »Es ist nicht richtig, wie du das machst. So richtest du dich selbst zugrunde und auch das Volk, das bei dir ist.« (Ex 18,17f) Mose läßt sich auf den Rat seines Schwiegervaters ein und delegiert seine Führungsaufgabe. Er setzt zuverlässige Leute als Richter ein. Er hängt nicht an seiner Macht. Er spürt, daß er auch gut für sich selbst sorgen muß, wenn er das Volk auf Dauer lenken möchte.

Am Sinai bekommt Mose noch eine neue Aufgabe. Er wird für das Volk zum Gesetzgeber und zum Führer in die Erfahrung Gottes. Mose steigt allein auf den Berg und begegnet dort Gott. Er erzählt dem Volk, was Gott ihm gesagt hat. Das Volk soll sich heiligen und sich für die Begegnung mit Gott am dritten Tag bereithalten. Am dritten Tag beginnt es im Morgengrauen zu donnern und zu blitzen. Das Volk zittert vor Angst. »Mose führte es aus dem Lager hinaus Gott entgegen.« (Ex 19,17) Die Aufgabe des Mose ist es also, das Volk für Gott zu heiligen und für die Begegnung mit ihm vorzubereiten. Es genügt nicht, wenn Mose dem Volk nur erzählt, was Gott ihm gesagt hat. Er soll das Volk in die Erfahrung Gottes einweisen. Er ist Mystagoge (= Priester), der dem Volk die Augen öffnet für das Geheimnis Gottes. Doch dann steigt Mose allein auf den Berg. Dort empfängt er die Gebote auf zwei steinernen Tafeln, »auf die der Finger Gottes geschrieben hatte« (Ex 31,18). Während Mose auf dem Berg ist, fällt das Volk von Gott ab und macht sich ein goldenes Kalb, Bild für den Gott des Erfolges und der Fruchtbarkeit. Das ist eine Erfahrung, die viele Führer machen. Die Menschen geben sich lieber mit dem zufrieden, was sie sehen und was ihnen kurzfristigen Erfolg verspricht. Visionen sind so weit weg. Wer weiß, was da auf dem Berg alles geschieht? Lieber lassen wir es uns jetzt gut gehen, als uns auf beschwerliche Wege in die Zukunft einzulassen. Mose steigt vom Berg herab und sieht das Volk um das goldene Kalb tanzen. Da zerschmettert er voller Wut die Gesetzestafeln. Sein Versuch, das Volk in eine gute Zukunft zu führen, scheint gescheitert.

Doch Gott befiehlt ihm, er solle nochmals zwei Tafeln aus Stein zurechthauen und damit auf den Berg steigen. Vierzig Tage und vierzig Nächte bleibt Mose auf dem Berg. Dabei fastet er. Dann steigt er wieder herab. Seine Haut strahlt Licht aus. »Als Aaron und alle Israeliten Mose sahen, strahlte die Haut seines Gesichtes Licht aus, und sie fürchteten sich, in seine Nähe zu kommen.« (Ex 34,30) Mose ist der, der vertraut mit Gott spricht, wie von Angesicht zu Angesicht. Seine Haut beginnt zu leuchten, sobald er mit Gott spricht. Da muß er immer wieder einen Schleier über sein Gesicht legen, damit die Israeliten sich nicht fürchten. Hier wird ein anderer Aspekt des Mose sichtbar. Er ist der Vertraute Gottes. Er darf mit ihm sprechen. Er darf in seiner Gegenwart verweilen. Das verwandelt ihn. Das macht aus ihm eine Lichtgestalt. Und das gibt ihm eine neue Autorität gegenüber dem Volk. Mose ist der Gesetzgeber für das Volk. Aber die Gebote, die er gibt, sind nicht rigide Vorschriften, die die Menschen nur gängeln. Sie kommen vielmehr aus der Erfahrung Gottes und auch aus der Erfahrung der eigenen Ohnmacht. Mose empfängt diese Gebote von Gott. Und er nimmt sie auf einem Berg entgegen, dort, wo er Gott besonders nahe ist. Wer andere führt, muß sich immer wieder von ihnen zurückziehen, um auf dem Berg Gottes Nähe zu erfahren. Er braucht Abstand vom Tagesgeschäft, um auf dem Berg Weitblick zu bekommen. Wenn er in der Einsamkeit sich und seine Ohnmacht Gott hinhält, wird er von Gott her das Richtige tun. Dann werden seine Weisungen nicht kleinlich werden, sondern den Himmel öffnen für die Menschen. Und er muß sich von Gott erst selbst verwandeln und erleuchten lassen, bevor er anderen vermitteln kann, was Gott von ihnen will.

Weil Mose einer ist, der Gott erfahren hat und der durch seine Begegnung mit Gott innerlich verwandelt worden ist, nimmt ihm das Volk ab, was er sagt. Allerdings regt sich auch nach der tiefen Gotteserfahrung am Berg Sinai immer wieder Widerstand gegen Gott und gegen Mose. Das Volk verfällt in Selbstmitleid: »Wenn uns doch jemand Fleisch zu essen gäbe! Wir denken an die Fische, die wir in Ägypten umsonst zu essen bekamen, an die Gurken und Melonen, an den Lauch, an die Zwiebeln und an den Knoblauch. Doch jetzt vertrocknet uns die Kehle, nichts bekommen wir zu sehen als immer nur Manna.« (Numeri 11,4–6) Mose beklagt sich bei Gott: »Warum habe ich nicht deine Gnade gefunden, daß du mir die Last mit diesem Volk auferlegst?... Ich kann dieses Volk nicht allein tragen, es ist mir zu schwer.« (Num 11,11.14) Männer in Führungspositionen verstehen diese Klage. Es geht ihnen manchmal wie Mose. Sie erfahren die Aufgabe als Last. Die Mitarbeiter scheinen nicht zu verstehen, was sie ihnen vermitteln möchten. Dem Mose befiehlt Gott, er solle siebzig Männer nehmen. Ihnen wird Gott etwas von dem Geist geben, der auf Mose ruht, so daß dieser nicht mehr allein die Verantwortung tragen muß. Manche Männer zerbrechen lieber unter ihrer Last, als daß sie die Last auf mehrere Schultern verteilen und gemeinsam die Probleme lösen.

Mose muß sich mit immer neuen Unbilden und Widerständen herumschlagen. Er schickt Kundschafter in das Land, das Gott ihm verheißen hat. Sie bringen Früchte aus dem Land mit. Doch sie machen dem Volk Angst, das Land sei von Riesen bewohnt, gegen die sie nie ankämen. Wer andere führt, bekommt es immer wieder mit Menschen zu tun, die eine Gegenführung aufbauen. Sie machen alles madig, was man der Firma als Vision aufzeigt. Sie sehen überall nur das Negative. Anstatt sich über die Früchte zu freuen, die das neue Land bringt, schauen sie auf die Riesen, die sich in den Weg stellen. Es braucht schon viel Geduld, um an seiner Vision festzuhalten und sich mit den Widerständen immer wieder neu auseinanderzusetzen. Zehn Mal hat das Volk gegen Gott und gegen Mose gemurrt. Und immer wieder tritt Mose als Fürsprecher für das Volk auf. Gott möge doch dem Volk verzeihen. Gott läßt sich erweichen. Aber die Männer, die gemurrt haben, müssen sterben. Nur ihre Kinder werden das Gelobte Land schauen. So irrt das Volk nochmals achtunddreißig Jahre durch die Wüste. Und es geht weiter mit immer neuen Widerständen und Rebellionen. Bei all diesen Konflikten gibt Mose nie auf, sondern tritt immer neu für sein Volk ein. Doch weil er einmal daran zweifelt, ob Gott dem Volk wirklich Wasser zu geben vermag, darf er selbst nicht in das Gelobte Land einziehen. Er muß den Erfolg seines Bemühens einem anderen überlassen. Er steigt auf den Berg Nebo, um das Land zu sehen, das Gott dem Volk versprochen hatte. Dann bestellt er einen Nachfolger, Josua, und stirbt. Das Volk begräbt ihn im Tal in Moab. Doch bis heute kennt keiner das Grab des Mose.

Es ist ein eigenartiges Schicksal, das Mose erfährt. Auf der einen Seite ist er der größte der Propheten. Auf ihn berufen sich die Israeliten immer wieder. Er ist der Vertraute Gottes. Nur er darf mit Gott von Angesicht zu Angesicht reden; »wie Menschen miteinander reden« (Ex 33,11). Doch die letzte Erfüllung, den letzten Erfolg verwehrt ihm Gott. Er darf nur das Land sehen, in das er das Volk führen sollte. Hineinführen wird es nach ihm aber ein anderer. Mose war der Führer, der das Volk zu tragen hatte, der sich immer wieder mit seinen Konflikten herumschlagen mußte. Doch von ihm heißt es zugleich: »Mose aber war ein sehr demütiger Mann, demütiger als alle Menschen auf der Erde.« (Num 12,3) Evagrius Ponticus übersetzt das Wort »demütig« mit »sanftmütig«. Für ihn ist die Sanftmut des Mose ein Vorbild für jeden geistlichen Begleiter, der andere nur dann zu Gott führen kann, wenn er seine Leidenschaften überwunden hat. Die Sanftmut ist Zeichen eines Menschen, der mit sich in Frieden ist. Demut ist eher der Mut, sich seinen Schattenseiten zu stellen. Mose, der große Führer, war zugleich demütig. Er hatte ein Gespür für seine eigenen Grenzen und Schwächen. Das ist nicht selbstverständlich für Männer, die Verantwortung tragen. Sie verdrängen oft genug ihre Schwächen, um vor allen anderen als stark zu gelten. Doch wahre Stärke besteht darin, sich auch den Schattenseiten zu stellen und sich mit ihnen auszusöhnen.

Der Prozeß der Selbstwerdung, den Mose durchschreiten muß, wird von jedem Mann verlangt, der wahrhaft Mann werden möchte. Er muß lernen, Verantwortung zu übernehmen und sich den Konflikten zu stellen, denen er in seiner Verantwortung ausgesetzt wird. Er muß lernen, sich durchzusetzen gegen die Widerstände eines »Volkes«, das immer wieder zu murren beginnt und sich nach dem Mutterschoß sehnt. Wenn ich das Volk als Bild für die eigenen Anteile im Mann sehe, dann heißt das für mich: Mose muß sich durchsetzen gegen die regressive Haltung, sich zurückzusehnen nach dem Mutterschoß, nach den vollen Fleischtöpfen Ägyptens. In uns ist die Sehnsucht nach Freiheit. Aber zugleich kennen wir die Angst davor. Denn um die Freiheit zu erlangen, müssen wir die alte Sicherheit aufgeben, das Versorgtsein durch die Mutter oder mutterähnliche Institutionen wie die Kirche oder die Firma. Mannwerden heißt, das Risiko einzugehen, durch die Wüste zu gehen und auf dem Weg den eigenen Hunger und Durst zu spüren, ohne die Gewißheit zu haben, daß sein Weg zum Ziel führt, zum Gelobten Land, in dem er ganz er selbst sein kann. Viele Männer sehnen sich auf dem Weg in die Freiheit lieber zurück nach dem verlorenen Paradies der Kindheit. Auf dem Weg in die Freiheit werden wir mit unseren tiefsten Bedürfnissen konfrontiert, mit unserem Bedürfnis nach Versorgtwerden und Sicherheit, nach Geborgenheit und Heimat. Doch der Weg in die Freiheit führt nur über das Ausbrechen aus der Sicherheit und Abhängigkeit. Der Weg deckt tiefsitzende Ängste in uns auf. Mose setzt sich mit seinen Ängsten und Bedürfnissen, mit seinen inneren Widerständen und seinen regressiven Tendenzen auseinander, indem er sich im Gebet immer wieder an Gott wendet und Gott seine innere Rebellion hinhält. Sein Beten ist nicht einfach Zustimmung, sondern ein Ringen mit Gott. Er kämpft mit Gott. Er klagt ihn an. Er beschwert sich bei Gott über die Last, die er ihm auferlegt hat. Aber er gibt nicht auf. Auch wenn das Volk ihn immer wieder enttäuscht, hält er an ihm fest und an der Verheißung, die Gott diesem störrischen Volk gegeben hat.

Mose als der Führer zeigt einen wesentlichen Aspekt, der zum Mannwerden gehört. Der Mann muß Verantwortung übernehmen. Er hat die Aufgabe, zu führen und nicht einfach nur zu tun, was andere ihm sagen. Als Vater in der Familie hat der Mann eine Führungsaufgabe. In jeder Gruppe, in der er arbeitet, ist er immer zugleich Führer und Geführter. Die Frage ist, wie wir lernen können, zum Führer zu werden. Wir werden nicht zum Führer, indem wir andere in ihrer Leitungsaufgabe kopieren. Der erste Schritt besteht vielmehr darin, mit dem göttlichen Kind in uns in Berührung zu kommen, mit der eigenen Kreativität und Inspiration. Wir müssen lernen, dem eigenen Gefühl zu trauen. Der zweite Schritt ist die ehrliche Selbstbegegnung. Der erste Versuch des Mose, Führung an sich zu reißen, scheitert. (Vgl. hier S. 62) Er muß erst in die Fremde und sich seiner eigenen Ohnmacht und seinen Grenzen stellen. Und er muß warten, bis Gott ihn ruft. Man kann sich nicht selbst zum Führer machen. Es ist auch eine Berufung, nicht nur durch Menschen, sondern letztlich durch Gott. Und dann hat Mose zu lernen, den Willen Gottes – man könnte auch sagen: seine Vision – gegen Widerstände durchzusetzen.

Dabei braucht es drei Bedingungen: einmal die Sanftmut oder Demut, das heißt der Führende muß im Frieden mit sich selbst sein, damit er seine Schattenseiten nicht auf die Geführten legt und sie so durcheinanderbringt. Zum anderen braucht es immer wieder den Rückzug und das Gespräch mit Gott. Bei diesem Gespräch geht es nicht nur um stille Meditation, sondern darum, alle seine Gefühle Gott hinzuhalten, auch seinen Ärger, seine Angst, seine Ungeduld. Oft genug wird das Gebet dem Schreien und Klagen des Mose gleichen. Wir schreien unsere Wut und unsere Enttäuschung vor Gott aus uns heraus. Wir klagen und jammern. Aber indem wir unsere Gefühle vor Gott ausdrücken, können sie sich auch wandeln. Der innere Unrat von Emotionen reinigt sich. Wer andere führt, muß sich immer wieder von der Verschmutzung reinigen, die die negativen Emotionen der Mitarbeiter in ihm angerichtet haben. Er darf sich nicht in diese Verschmutzung hineinziehen lassen. Er darf sich vom Murren und von der Resignation nicht anstecken lassen.

Die dritte Bedingung ist der gute Umgang mit den Aggressionen. Mose ist trotz aller Sanftmut manchmal auch aggressiv. Er zerschmettert die zwei Steintafeln mit den Geboten. Er zeigt seine Aggression im Gespräch mit Gott. Er agiert sie erst vor Gott aus, um dann angemessen mit seinen Aggressionen vor dem Volk umgehen zu können. Seine Aggressionen helfen ihm, hartnäckig sein Ziel zu verfolgen und nicht zu resignieren. Und sie geben ihm Kraft, Widerstände zu überwinden. Die Aggression ist neben der Sexualität die wichtigste Lebensenergie, aus der wir schöpfen. Wer seine Aggressionen abschneidet, dem fehlt es an Kraft. Ob einer zum Mann reift oder immer der angepaßte Jasager bleibt, das hängt vom rechten Umgang mit den Aggressionen ab. Aggression kommt von »ad-gredi«, das bedeutet herangehen. Aggression ist die Kraft, die Dinge anzupacken, anstatt ihnen auszuweichen. Aggressionen sind die Quelle, aus der der Mann schöpft, um das, was er als richtig erkannt hat, durchzusetzen, auch gegen den Widerstand von Menschen, die sich am liebsten mit dem Bisherigen begnügen. Aggression ist ein wichtiger Impuls des Fotschrittes. Aggressionen wollen nicht zerstören, sondern sich für etwas einsetzen. Und sie wollen das Verhältnis von Nähe und Distanz regeln. Wenn ich aggressiv bin, ist das oft ein Zeichen, daß andere eine Grenze bei mir überschritten haben. Aggression ist die Kraft, mich von anderen abzugrenzen, um mit mir selbst und meinem inneren Impuls in Berührung zu kommen. Und Aggression ist die Energie, die die inneren Ideen verwirklicht, auch gegen den Widerstand von innen und außen.

Männer lieben die Aggression. Sie suchen sich Sportarten aus, in denen sie auf gute Weise ihre Aggressionen einsetzen können, etwa Fußball oder Handball, Boxen oder Ringen, Fahrrad- oder Autorennen. Immer geht es um einen geregelten Umgang mit der Aggression. Die Aggression braucht die Fairneß, damit sie nicht zerstörerisch wird. Ich messe mich mit dem anderen, anstatt ihn zu vernichten. Im Kampf entdecken die Sportler erst die Kraft, die in ihnen steckt. Am sportlichen Gegner können sie wachsen. Ein starker Gegner spornt den Läufer an, noch schneller zu laufen. Die Aggression gibt dem Mann die Kraft, durchzuhalten und gegen die Widerstände an seiner Vision festzuhalten. Aber die Aggression braucht immer auch den inneren Abstand dazu. Mose geht auf den Berg, um sich zurückzuziehen und zu erkennen, wo und wie er seine Aggression einsetzen soll.

Mose verkörpert das, was Walter Hollstein heute vom Mann erwartet. Hollstein meint, der Mann sollte das Prometheische in sich fördern: »das geistige Abenteuer, Perspektiven und Utopien zu entwerfen und darüber zu zeigen, daß Männer auch heute noch Wegweiser aufstellen und Orientierung vermitteln können; den Mut, Probleme anzugehen, statt sie auszusitzen und damit handlungsunfähig zu werden; Machtpositionen aufgeben und Freiheit wagen.« (Hollstein 25) Mose hat sich für das Leben engagiert. Er hat sich in die geistige Auseinandersetzung mit seinem Volk begeben und gegen den Widerstand der Trägen das Volk in die Freiheit geführt. Er hatte diese Begabung nicht von Anfang an. Er hat sich auf den Ruf eingelassen, den Gott an ihn ergehen ließ, als er sich wertlos, gescheitert und übersehen fühlte.

Wir müssen nicht zum Führer geboren sein. Wer sich wie Mose einläßt auf die Pädagogik Gottes und sich von ihm in die Freiheit führen läßt, der wird zu einem Mann heranreifen, der auch andere in die Freiheit und zum Leben führen vermag.

7. Simson: Der Krieger

Seit jeher hat mich die Geschichte Simsons fasziniert. Als Jugendlicher staunte ich über die schier unendliche Kraft, die in diesem Mann steckt, über seine Furchtlosigkeit und über die Freiheit, mit der er sich über alle Regeln hinwegsetzt. Simson ist von Geburt an dem Herrn geweiht. Seine Kraft kommt ihm von Gott zu, damit er das Volk aus der Herrschaft der Philister befreit. Es ist der Geist des Herrn selbst, der ihn umtreibt. Simson nimmt sich eine Philisterin zur Frau. Unterwegs zerreißt er einen Löwen, der sich ihm in den Weg stellt. Bei der Hochzeit gibt er den Gästen ein Rätsel auf. Wenn sie es in drei Tagen nicht lösen, müssen sie ihm dreißig Hemden und Festgewänder geben. Auf Drängen seiner weinenden Frau verrät Simson das Rätsel seiner Frau, die es den Philistern weitersagt. Als Rache erschlägt er dreißig Mann und nimmt die Gewänder, um sie den Hochzeitsgästen zu geben. Von seiner Frau trennt er sich und gibt sie seinem Freund.

Simson ist nicht nur stark, sondern auch voller Phantasie, wie er den Philistern schaden kann. Er fängt dreihundert Füchse, bindet je zwei Füchse an den Schwänzen zusammen und befestigt daran eine Fackel, die er anbrennt. Die Füchse laufen mit den brennenden Fackeln durch die Getreidefelder, Weingärten und Ölbaumplantagen. Die ganze Ernte wird vernichtet. Als die eigenen Landsleute ihn gefangen nehmen und den Philistern ausliefern, zerreißt er die Fesseln und erschlägt die Philister mit dem Kinnbacken eines Esels. Kurz darauf verliebt sich Simson in eine andere Philisterin, mit Namen Delila, und heiratet sie.

Die Philister beschwören sie, sie solle doch herausfinden, woher Simson seine übermenschliche Kraft habe. Die ersten drei Male täuscht Simson seine Frau. Da sagt sie zu ihm: »Wie kannst du sagen: Ich liebe dich!, wenn mir dein Herz nicht gehört? Jetzt hast du mich dreimal belogen und mir nicht gesagt, wodurch du so große Kraft besitzt. Als sie ihm mit ihrem Gerede jeden Tag zusetzte und ihn immer mehr bedrängte, wurde er es zum Sterben leid; er offenbarte ihr alles und sagte zu ihr: Ein Schermesser ist mir noch nicht an die Haare gekommen; denn ich bin von Geburt an Gott als Nasiräer geweiht.« (Richter 16,15–17) Als Nasiräer, das heißt als Gottgeweihter, durfte er sich seine Haare nach jüdischem Brauch nicht schneiden. Delila aber läßt ihren Mann auf ihren Knien einschlafen und schneidet ihm alle Locken ab, so daß die Kraft von ihm weicht. Die Philister packen ihn und stechen ihm die Augen aus. Dann werfen sie ihn ins Gefängnis. Als sie nach einiger Zeit ein großes Fest feiern, holen sie ihn, um sich an ihm zu belustigen. Doch inzwischen sind seine Haare wieder gewachsen. Er klammert sich an die tragenden Säulen des Hauses und reißt sie ein. Über ihm stürzt das ganze Haus zusammen. »So war die Zahl derer, die er bei seinem Tod tötete, größer als die, die er während seines Lebens getötet hatte.« (Ri 16,30)

Die frühe Kirche hat die Abenteuergeschichte des Simson theologisch ausgelegt. Sie hat in Simson, dem Sonnenmann, dessen Geschichte an die Abenteuer des griechischen Heos Herakles erinnert, ein Vorbild für Christus gesehen. Wie Jesu Geburt Maria verkündet wurde, so verkündet ein Engel dem Manoach einen Sohn. Der Sohn wird Gott geweiht. Sein Sieg über die Feinde wird als Bild für den Sieg Jesu gesehen, der durch sein Wort die Feinde niederwirft. Daß Simson die Stadttore von Gaza aushebt, wird zum Bild für die Auferstehung Jesu, in der er die Tore des Todes zerbricht. Simson wird wie Jesus gebunden und verspottet. Sein Tod, durch den die Feinde zugrundegehen, wird

Bild für den Tod Jesu am Kreuz, an dem er uns von unseren Feinden befreit. Die frühe Kirche hat auf diese Weise das Anstößige an der Geschichte Simsons entkräftet. Man könnte diese Umdeutung der Kirchenväter aber auch so verstehen, daß sie in der Geschichte Simsons ein Urbild für unseren Weg des Mannwerdens gesehen haben. Zum Mannwerden gehört, daß wir das Böse überwinden, daß wir uns von den Feinden des Lebens nicht bestimmen lassen, daß wir nicht in der Opferrolle verharren, sondern für das Leben kämpfen. Und auf dem Weg des Mannwerdens müssen wir das Risiko eingehen, daß wir im Kampf auch verlieren können.

Simson ist der typische Krieger. Wir tun uns heute schwer mit dem Archetyp des Kriegers. Denn schließlich haben die beiden Weltkriege unendlich viele Menschenleben gekostet. Und immer wieder sind es Krieger, die die Welt in neue Kriege stürzen. Der Archetyp des Kriegers ist zwiespältig. Das zeigt etwa auch der griechische Gott des Krieges, Ares (lateinisch: Mars), der auf der einen Seite Bild für die positive männliche Kraft ist, auf der anderen Seite wegen seiner Reizbarkeit und Kampfeslust von den olympischen Göttern am wenigsten respektiert war. Der Ares-Mann hat »einen direkten Draht zu seinen Gefühlen und seinem Körper« (Bolen 256), doch er kann auch die unkontrollierbare Streitsucht verkörpern.

Im positiven Sinn steht der Krieger für einen, der sich der eigenen Angst stellt und sein Leben selbst in die Hand nimmt. Der echte Krieger kämpft immer für das Leben. Er kämpft nicht gegen jemand, sondern für die Menschen, damit sie in Frieden leben können. Ohne den Archetyp des Kriegers zu verwirklichen, »werden wir auch nie in einer selbstbewußten Weise zu Frieden und Solidarität fähig sein« (Fischedick 149). Der wahre Krieger übernimmt Verantwortung für sein Leben. Er grenzt sich gegenüber den Erwartungen anderer ab. Aber das führt in

Konflikte. Viele vermeiden Konflikte, weil sie damit schlechte Erfahrungen gemacht haben. Aber um unser Selbst zu entwickeln, dürfen wir den Konflikten nicht aus dem Wege gehen. Sonst werden wir voller Groll. Und der wird sich bei jeder unpassenden Gelegenheit entladen. Sigmund Freud kritisiert an den Erziehungsmethoden seiner Zeit, daß sie den Jugendlichen nicht auf die Aggression vorbereiten. Gerade in unserer Zeit, in der Jugendliche zu Gewalt neigen, braucht es eine angemessene Anleitung, mit den Aggressionen gut umzugehen, ohne anderen zu schaden. Gewalt ist ein unangemessener Umgang mit Aggressionen. Wer gewaltsam wird, wird von seiner Aggression beherrscht, anstatt mit ihr umzugehen. Aggressionen wollen das Verhältnis von Nähe und Distanz regeln und mich dazu befähigen, mich gut gegenüber den Erwartungen der anderen abzugrenzen. Gewalt übt nur der aus, der dem anderen Macht über sich gegeben hat. Weil er sich nicht abgrenzen konnte, will er den vernichten, der ihn innerlich besetzt hält. Doch damit zestört er auch sich selbst. Der Gewaltsame tut sich selbst Gewalt an. Er tötet seine Seele.

Simson ist nicht allmächtig. Er hat eine verwundbare Stelle. Wenn ihm das Haar geschoren wird, verläßt ihn alle Kraft. Die Griechen erzählen von Achilles, dem tapfersten Helden. Er ist an seiner Ferse verwundbar. Die Germanen berichten von Siegfried, der auch nicht am ganzen Leib unverwundbar ist. Als dieser im Drachenblut badet, fällt ihm ein Lindenblatt auf die Schulter, das ihn verwundbar bleiben läßt. Jeder, der sich in den Kampf des Lebens begibt, wird irgendwann verwundet. Unsere Gesellschaft legt es gerade darauf an, daß sie bei starken Männern, die im Rampenlicht stehen, nach ihren Schwächen sucht, sie regelrecht ausspioniert. Viele Männer haben Angst, daß ihre verwundbaren Stellen entdeckt werden. Sie verschanzen sich hinter ihrem vermeintlichen Panzer. Oder sie verstecken sich hinter der Fassade der Korrektheit. Ihnen geht es vor allem darum, keine Fehler zu machen. Aber dann geht von ihnen auch nichts aus. Sie gehen kein Risiko ein, sie hören auf, für eine gute Sache zu kämpfen, aus Angst, sie könnten scheitern, und die ganze Welt würde über sie herfallen. Sie weigern sich, ihr Leben für die Gerechtigkeit und für den Frieden aufs Spiel zu setzen. Der wirkliche Mann steht zu seinen Schwächen. Er kämpft mit klaffenden Wunden weiter, auch wenn die Öffentlichkeit noch so sehr auf ihn einhackt.

Die Griechen sprechen von »Agonia«, dem intensiven Schmerz des Mannes. Lukas beschreibt, wie Jesus am Ölberg von Agonia heimgesucht wurde. Ethelbert Stauffer versteht die Agonia als »Angst um den Sieg – angesichts des nahenden Entscheidungskampfes, von dem das Schicksal der Welt abhängt« (Grundmann, Lukas 412). Agonie ist der Todeskampf, die Bereitschaft, sich für etwas einzusetzen, auch wenn es den Tod kostet. Zum Mannsein gehört offensichtlich auch, daß er sich in seinem Einsatz für das Leben auch der Gefahr des Todes aussetzt. Patrick Arnold, der amerikanische Jesuit, der über den Archetyp des Kriegers geschrieben hat, meint: »Ein Mann muß lernen, mit der Agonie zu leben – es sei denn, er entscheidet sich, Zuschauer zu bleiben und sein Leben als Beobachter im Schaukelstuhl auf der Terrasse bei einer Limonade mit seinen keuschen Tanten zu verbringen.« (Arnold 61) Wer sich dem Archetyp des Kriegers stellt, der wird verwundet werden und in Angst geraten. Aber er stellt sich dem Leben mit seinen Konflikten. So kann von ihm Leben ausgehen, während von den Zuschauern nichts ausgeht, nur Langeweile und Überdruß. Die Zuschauer wissen zwar alles besser. Aber sie greifen nie selbst ein in die Auseinandersetzung um das Leben.

Gerade heute im Zeichen des Terrors und ständiger Kriegsdrohungen ist es notwendig, über den Archetyp des Krieges nachzudenken. Die größte Gefahr ist, wenn sich emotional verwundete Männer, »die sich ihrer eigenen Bedeutung, ihres Werts und ihrer Männlichkeit nicht sicher sind« (Arnold 142), mit dem Archetyp des Kriegers identifizieren. Von solchen Kriegern geht nur Zerstörung und Unheil aus. Das oberste Gebot des Kriegers ist, »nie gewalttätig oder aus blinder Wut oder Rachsucht zu handeln« (Arnold 145). Wer andere zerstören muß, weil er selbst innerlich zerstört ist, der ist kein Krieger. Er wird vielmehr vom Archetyp des Kriegers beherrscht und zerstört sich selbst immer mehr. Robert Bly meint, der wahre Archetyp des Kriegers hat etwas zu tun mit dem Beschützen unserer psychischen Grenzen. Der Krieger grenzt sich ab gegen die Einmischungen von außen, gegen die Nadelstiche seiner Umgebung. Und der Archetyp des Kriegers meint den Widerstand gegen das Böse. Er verweist auf wichtige Eigenschaften des Mannes: »Mut, Selbstaufgabe, Durchhaltevermögen, Geschicklichkeit und heroischer Gleichmut«. (Arnold 142) Der Krieger ist nicht gewalttätig, sondern er kämpft für den Frieden. Friedenskämpfer wie Mahatma Gandhi und Martin Luther King verwirklichten den Archetyp des Kriegers, indem sie sich weigerten, in der Opferrolle zu verharren. Sie haben mit der Kraft des Kriegers gegen viele Widerstände zum Frieden aufgerufen und Frieden geschaffen. Das Gegenteil des Kriegers ist nicht der Friedensstifter, sondern das passive Opfer, das sich mit seiner Opferrolle identifiziert und immer nur darüber jammert, wie schlecht alles ist, ohne selbst anzupacken und für das Gute zu kämpfen.

Die biblische Geschichte von Simson zeigt uns wesentliche Aspekte eines Kriegers: Er ist Löwenbändiger. Er mißt sich mit dem Löwen. Er kommt mit der Löwenkraft in Berührung. Er geht gut mit seiner Aggression um. Er ist Ratespieler: Er kämpft nicht nur mit seiner körperlichen Kraft, sondern auch mit seiner Intelligenz. Es ist ein spielerischer Kampf. Simson ist ein Entfesselungskünstler. Er versteht es, die Fesseln zu zerreißen, mit denen ihn die eigenen Stammesgenossen gebunden haben, um ihn an die Philister auszuliefern. Er läßt sich nicht vereinnahmen, auch nicht von seinen Freunden. Der Krieger ist der freie Mann, unabhängig von den Banden der Verwandtschaft. Niemand vermag ihn zu fesseln. Und schließlich setzt Simson im Kampf gegen die Feinde sein eigenes Leben ein. Wir brauchen heute solche Männer, die ausbrechen aus den Seilschaften und Interessengruppen und in Freiheit für das Leben kämpfen.

Vielleicht besteht ein Grund für das mangelnde Interesse von Männern an der Spiritualität darin, daß sie zuviel beruhigende und einlullende Elemente beinhaltet und die Kraft des Kriegers nicht mehr erkennen läßt. In der Zeit des frühen Mönchtums wurde der geistliche Weg als Kampf verstanden. Benedikt von Nursia spricht von der »militia Christi«, vom Kriegsdienst für Christus. Benedikt lädt den Mönch ein, die Waffen des Gehorsams zu ergreifen, »um dem wahren König, Christus, dem Herrn, zu dienen (militari)« (Regel Benedikt, Prolog 3). Benedikt steht in der Tradition des frühen Mönchtums und der Kirchenväter, die im Anschluß an Gedanken der stoischen Philosophie vom geistlichen Kampf spricht, vom Kampf gegen die Leidenschaften und gegen die Dämonen. So schreibt Basilius: »Ein Soldat dieser Welt zieht gegen einen sichtbaren Feind in den Krieg. Gegen dich aber wird ein unsichtbarer Feind nicht aufhören zu kämpfen.« (Basilius, Holzherr 37) Basilius schreibt weiter davon, daß der Soldat Christi sich von nichts davon abhalten lasse, dem »König Christus zu dienen«. Psychologisch könnte man das übersetzen mit: seinem wahren Selbst zu dienen, unbeirrt den Weg in die eigene Mitte zu suchen.

Für Benedikt ist es klar, daß der eigentliche Kampf im Innern des Herzens geschieht. Der geistliche Kampf hat damals viele junge Männer angezogen, und zwar die starken. Heute fühlen sich eher depressive Männer zur Spiritualität hingezogen. Unsere Zeit bräuchte wieder etwas von der männlichen Spiritualität, wie sie das frühe Mönchtum verkörpert hat. Dann würden sich auch wieder mehr Männer einladen lassen, den geistlichen Kampf auf sich zu nehmen. Doch dieser Kampf ist nicht nur ein innerer Kampf, sondern auch ein Kampf nach außen, eine dauernde Auseinandersetzung mit den Herausforderungen des Lebens. Der Krieger bleibt dran. Er weicht nicht zurück, wenn es Schwierigkeiten gibt. Die benediktinische Grundhaltung der »stabilitas« meint konkret eine dauerhafte Beständigkeit im klösterlichen Leben. Es geht hierbei nicht nur um ein Bleiben am gleichen Ort, sondern um ein inneres Dranbleiben, ein Nicht-Zurückweichen vor den Konflikten des Lebens. Wer kämpfend dranbleibt, der versteht – so haben es die frühen Mönche gesehen – den Geist Jesu. Jesus war ja auch ein Kämpfer, einer, der nicht zurückwich, sondern dranblieb. Er scheute den Konflikt nicht, sondern stand ihn durch bis zum bitteren Ende am Kreuz.

Die frühe Kirche kennt viele Heilige, die Soldaten waren, wie den hl. Georg, den hl. Achatius und den hl. Mauritius. Die Legenden, die sich um diese Heiligen ranken, haben ihren soldatischen Einsatz für das Leben betont. Sie waren Krieger, die aber ihre kriegerische Seite nicht gegen die Menschen richteten, sondern sich für ihren Schutz und ihre Sicherheit einsetzten. Krieg ist noch etwas anderes als Kampf. Wir kämpfen im sportlichen Wettkampf. Wir kämpfen für unsere Ziele. Im Bild des Krieges spielt immer auch der Feind eine Rolle. Das ist jemand, der uns nach dem Leben trachtet. Für die frühen Mönche waren die Soldatenheiligen Vorbilder für ihren Kampf gegen die Dämonen, die sich ihnen in den Weg stellten und sie am Leben hinderten. Und deshalb hat der hl. Benedikt das Mönchsleben als Kriegsdienst verstanden, als dauernde Auseinandersetzung mit Kräften, die mich vernichten möchten.

Im Mittelalter gab es den Minnedienst der Ritter. Sie haben für die Frau, die sie verehrten und anbeteten, harte Kämpfe ausgefochten. Sie haben Kampf und Liebe miteinander verbunden.

Der Ritter war nicht einfach der Draufgänger, sondern der, der Kampf, Maß und Zucht miteinander verband. Er setzte sich für die Armen ein. Und in der Minne schwärmte er für eine edle Frau, ohne sie für sich besitzen zu wollen. Der jüdische Philosoph Walter Schubart nennt diese Art von Liebe die anbetende Liebe. Er meint: »Die anbetende Erotik ist im 12. Jahrhundert zugleich mit der Achtung vor der Frau entstanden ... Es müssen geniale Frauen gewesen sein, die damals den Mann bis zur Frauenanbetung entflammten, die Rangordnung stürzend, die bis dahin das Geschlechtsverhältnis bestimmte.« (Schubart 121f) Wir meinen, die Krieger würden auch grob mit Frauen umgehen. Im Minnedienst der Ritter war das Gegenteil der Fall. Der Ritter wollte die Frau nicht besitzen. Er liebte sie und besang seine Liebe in wunderbaren Liedern. Aber er hielt immer respektvollen Abstand zur angebeteten Frau. Wir können diese Minne der Ritter nicht kopieren. Aber wir können davon lernen, den Krieger und den Liebhaber in uns miteinander zu verbinden. Offensichtlich gibt es einen inneren Zusammenhang zwischen diesen beiden Archetypen. König David, dem wir uns jetzt zuwenden, verbindet in sich die beiden Bilder des Kriegers und des Liebhabers.

8. David: Der König

David ist der größte Krieger in der Geschichte Israels. Und er ist der größte König. Auf ihn schaut das Volk immer wieder zurück. Als Krieger und König war er zugleich Liedersänger und Dichter. Und er war Liebhaber. Richard Rohr meint, der König würde alle Archetypen in sich vereinen. Bei David spüren wir, daß er kämpfen konnte und zugleich lieben. Er konnte hart sein und auf der Zither spielen und singen. Er verband die Spannung, die wir in unserem Titel ausgedrückt haben. Zum Mannsein gehört, daß wir zugleich kämpfen und lieben. Von David können wir lernen, diese beiden Pole in uns zu verbinden.

David war nicht nur Liebhaber, sondern auch Freund. Die Freundschaft mit Jonatan, dem Sohne Sauls, seines größten Feindes, wird von der Bibel mit bewegenden Worten beschrieben. Homosexuelle Männer sehen in dieser Freundschaft zwischen den beiden Kriegern ein Vorbild für das, was sie füreinander fühlen. Das heißt nicht, daß David oder Jonatan homosexuell waren. Darüber sagt uns die Bibel nichts. Aber die Gefühle, die die beiden in sich spürten, haben zumindest eine homoerotische Färbung. Es ist nicht eine Kameradschaft zwischen zwei Kriegern, sondern eine tiefe emotionale Freundschaft. David ist als König also alles: Krieger, Liebhaber, Freund, Dichter und Sänger. Wie können wir die verschiedenen Seiten bei David zusammenbringen? Schauen wir die Geschichte Davids an, wie sie die Bibel erzählt.

Samuel hatte Saul zum König gesalbt. Doch als Saul Gott gegenüber ungehorsam war, wurde er verstoßen. Gott befahl dem Samuel, zu Isai zu gehen. Dort werde ihm Gott sagen, wen er zum König salben sollte. Es war der jüngste Sohn, dem Samuel das Horn mit Öl übergoß. Doch diese Königssalbung blieb vor der Öffentlichkeit geheim. Nachdem der Geist des Herrn von Saul gewichen war, wurde er drepressiv, oder wie die Schrift sagt: »Jetzt quälte ihn ein böser Geist.« (1 Samuel 16,15) Seine Diener raten ihm, er solle einen Mann suchen, der die Zither zu spielen versteht, damit er ihm den bösen Geist verscheuche. So kommt David in den Dienst Sauls. Und Saul gewinnt ihn lieb. Jedesmal, wenn Saul vom bösen Geist überfallen wird, spielt David auf der Zither. »Dann fühlte sich Saul erleichtert, es ging ihm wieder gut, und der böse Geist wich von ihm.« (1 Sam 16,23)

Als die Israeliten gegen die Philister kämpften, prahlt ihr Vorkämpfer Goliat, einer der Israeliten solle gegen ihn kämpfen. Keiner wagt es. Da tritt der junge David vor. Er nimmt seinen Stock und sucht sich fünf glatte Steine und legt sie in die Hirtentasche. Goliat fühlt sich verhöhnt, daß da dieser Junge gegen ihn zieht: »Bin ich denn ein Hund, daß du mit einem Stock zu mir kommst?« (17,43) Doch David schleudert einen Stein, der den Riesen Goliat an der Stirn trifft. Wie ein Baum fällt er um, und David schlägt ihm mit seinem eigenen Schwert den Kopf ab. Daß der junge und unbewaffnete Mann den erfahrenen Krieger besiegt, hat die Menschen seit jeher fasziniert. Gottvertrauen steht hier gegen das Vertrauen auf die eigene Kraft. Doch das Vertrauen auf Gottes Hilfe stärkt durchaus auch das Selbstbewußtsein des jungen David, der sich traut, unbewaffnet auf einen hochgerüsteten Krieger zuzugehen. Wer in Gott seinen Grund hat, der braucht sich nicht zu panzern. Er kann ohne Waffen dem gegenübertreten, der ihn verspottet und bekämpft.

David wird als Held gefeiert. Das macht Saul eifersüchtig. Er versucht ihn zu töten. David schließt Freundschaft mit Sauls Sohn Jonatan. »Jonatan liebte David wie sein eigenes Leben.« (1 Sam 18,1) Er steht dem Freund bei, wenn sein Vater ihn bedroht. David ist auf der Flucht vor Saul. Zweimal könnte David Saul töten. Doch jedes Mal schont er den Feind. Schließlich fallen Saul und Jonatan in der Schlacht gegen die Philister. David stimmt ein ergreifendes Todeslied an. Er beklagt den Tod seines Feindes Saul: »Ihr Töchter Israels, um Saul müßt ihr weinen; er hat euch in köstlichen Purpur gekleidet.« (2 Sam 1,24) Wunderbare Worte findet David über seine Freundschaft mit Jonatan. »Weh ist mir um dich, mein Bruder Jonatan. Du warst mir sehr lieb. Wunderbarer war deine Liebe für mich als die Liebe der Frauen.« (1,26) David ist nicht der harte Krieger. Er kämpft für das Leben. Er ist freundschaftsfähig. Seine Freundschaft mit Jonatan zeigt, wie viel Gefühl und wie viel Liebe in ihm ist. Seine Liebe gilt nicht nur seinen beiden Frauen Abigajil und Ahinoam, und seiner Geliebten Batseba, sondern auch dem Mann Jonatan. Seine Freundschaft zu ihm könnte man als Vorbild für eine männliche Partnerbeziehung sehen. Homosexuelle Männer fühlen sich vom Lied der Freundschaft tief berührt, das David auf Jonatan gesungen hat. Aber auch heterosexuelle Männer und Frauen können es verstehen.

Als König hat David zunächst nur Erfolg. Er eint das Volk und verteidigt es gegen seine Feinde. Gegen das Haus Sauls erweist er sich als gnädig. Es scheint, daß David der vollkommene König ist. Doch auch er hat seine Schattenseiten. Er meint, als König könne er sich alles erlauben. Das rächt sich bald. Als er vom Dach des Königspalastes eine schöne Frau beim Baden sieht, begehrt er sie. Er läßt sie holen und schläft mit ihr. Sie wird schwanger. Da läßt David ihren Mann Urija vom Feld nach Hause rufen. Er möchte, daß er mit seiner Frau Batseba schläft, um die Urheberschaft ihres Kindes zu vertuschen. Doch Urija weigert sich. Da schreibt David an den Feldherrn Joab einen Brief, daß er Urija in die vorderste Schlachtreihe stellen und sich von ihm zurückziehen sollte, sobald der Kampf heftig wird. Er schickt Urija also in den sicheren Tod. Gott schickt den Propheten Natan zu David. Natan hält ihm sein Vergehen vor. In Form eines Gleichnisses zeigt er David, daß dieser gehandelt hat wie ein reicher Mann, der dem Armen das Lamm weggenommen hat und kündigt ihm an, daß er bestraft werden wird: das Kind, das David von der Frau des Urija erwartet, wird sterben. Und der Prophet droht ihm an, daß ihm aus seinem eigenen Haus Unheil widerfahren wird. Abschalom bringt seinen Bruder Amnon um, weil der seine Schwester vergewaltigt hatte. Und er erhebt sich gegen den eigenen Vater. Er läßt sich selbst zum König ausrufen, so daß David aus Jerusalem fliehen muß. Auf der Flucht wird David von einem Mann namens Schimi beschimpft. Als die Begleiter diesen töten wollen, hindert er sie daran mit den Worten: »Wenn er flucht und wenn der Herr ihm gesagt hat: Verfluch David!, wer darf dann fragen: Warum tust du das?« (2 Sam 16,10) Anders als viele Könige, die jeden Kritiker sofort mundtot machen, läßt David sich beschimpfen. Er stellt sich seinem Schatten und seinen Fehlern. Er weiß, daß er selbst nicht fehlerlos ist, sondern große Schuld auf sich geladen hat.

Abschalom zieht nun gegen seinen eigenen Vater zu Feld, um ihn zu vernichten. Doch Davids Leute schlagen das Heer des abtrünnigen Sohnes. David hatte befohlen, seinen Sohn zu schonen. Doch als er mit seinen langen Haaren an einer Eiche hängen blieb, tötet ihn Joab gegen den Befehl Davids. Als David vom Tod seines Sohnes erfährt, hält er laut die Totenklage. David zieht wieder als König in Jerusalem ein. Er bestimmt seinen Sohn Salomo zu seinem Nachfolger. Dieser wird durch seine Weisheit in aller Welt berühmt werden. Doch gegen Ende seines Lebens wird er übermütig werden und vom Weg Gottes abweichen. David dagegen bleibt bis zuletzt der gottesfürchtige König. Seine letzten Worte sind: »Der Gott Israels sprach, zu mir sagte der Fels Israels: Wer gerecht über die Menschen herrscht, wer voll Gottesfurcht herrscht, der ist wie das Licht am Morgen, wenn die Sonne aufstrahlt an einem Morgen ohne Wolken, der nach dem Regen grünes Gras aus der Erde hervorsprießen läßt.« (2 Sam 23,3 f)

David ist der König, der Mann, der über sich selbst bestimmt, anstatt von anderen bestimmt zu werden. Aber das muß David in einem schmerzlichen Prozeß lernen. Zunächst meint er, als König könne er alle seine Wünsche erfüllen. Wenn er eine Frau begehrt, dann müsse sie ihm folgen. Doch der Prophet Natan konfrontiert ihn mit seinem eigenen Fehlverhalten. Und David verdrängt es nicht, wie so manche Politiker, sondern stellt sich seiner Schuld. Er steht zu seiner Schuld. Er trauert um seinen Sohn, der sterben muß. Aber als er gestorben ist, wäscht er sich und zieht sich neue Kleider an. Er ist einverstanden mit dem, was Gott ihm zugemutet hat. Wer sich auf den Kampf des Lebens einläßt, und wer für andere Verantwortung übernimmt, der wird auch immer seine Grenzen erfahren. Er wird seiner eigenen Maßlosigkeit begegnen und sich selbst überschätzen. Doch das Leben schlägt zurück. David reitet nicht immer auf der Welle seines Erfolgs. Er muß vor seinem eigenen Sohn fliehen. Er muß zusehen, wie seine Söhne gegeneinander kämpfen. In allem, was geschieht, wendet sich David immer wieder an Gott. Ihn fragt er um Rat. Und er wendet sich an den Propheten und an die Priester, nicht nur an die Politiker. Man könnte sagen, er sucht den Rat auf der spirituellen Seite. Er geht immer wieder zur Quelle des göttlichen Geistes, um aus der Weisheit Gottes zu trinken. Er weiß, daß der Verstand allein nicht zu regieren vermag. Es braucht eine andere Quelle, um die Verantwortung für diese Welt in guter Weise zu tragen.

Die Schattenseite des heiligen Königs, der das Land zur Blüte bringt, ist der Tyrann, der über andere herrschen muß, um sein schwaches Selbstwertgefühl zu steigern. Er muß andere kleinmachen, um an die eigene Größe glauben zu können. Die Taten solcher Tyrannen sind geprägt von »Taktiken der Einschüchterung, von Zwang, Manipulation, Kleinlichkeit und Paranoia« (Arnold 161). Im Land eines Tyrannen gehen die Untergebenen in Deckung, anstatt Risiken einzugehen. Statt Kreativität herrschen Zucht und Ordnung. Das Leben stirbt ab. Es liegt eine große Versuchung im Mann, diesen negativen Archetyp des Königs anzuziehen. Die andere Versuchung besteht darin, jede Verantwortung abzulehnen und ein ewiger Jüngling zu bleiben – ein »puer aeternus«, wie C. G. Jung so einen Mann nennt. Man spricht auch vom »Peter-Pan-Komplex«. Pan war der Sohn des griechischen Gottes Hermes. Er ist das Bild des Jungen, der nie erwachsen wird. Pan »lebt in einem Meer von Möglichkeiten und ist nicht bereit, sich für ein Ding oder eine Sache zu engagieren, weil er nicht die nächste sich bietende Möglichkeit aufs Spiel setzen möchte« (Bolen 244). Patrick Arnold meint, daß sich der puer aeternus, der reizende, jungenhafte und oberflächliche Mann heute von der Popkultur gut verkaufen läßt. Wenn wir in die Schaufenster sehen, entdecken wir nicht wirkliche Männer, sondern jünglinghafte Knaben. Offensichtlich hat sogar die Werbung heute Probleme, richtige Männer darzustellen. Doch diese Tendenz ist gefährlich, nicht nur für die Selbstwerdung des Mannes, sondern auch für unsere Gesellschaft. Denn die ewigen Jünglinge werden diese Gesellschaft nicht zum Besseren führen. Sie weigern sich, eine Bindung und Verpflichtung einzugehen und ihren Kopf hinzuhalten. Der ewige Jüngling ist Bild für den uneingeweihten Mann. Sobald er in die Lebensmitte kommt und erkennt, daß das Leben an ihm vorbeigegangen ist, gerät er in eine typische Midlife-Depression.

David ist nicht von Anfang an der abgeklärte und verzeihende König. Er muß einen langen Weg gehen, durch viele Gefahren hindurch, durch Enttäuschungen und Intrigen, durch eigene Schwächen und Ängste hindurch, um zuletzt milde zu werden, barmherzig gegen sich selbst und die Menschen um ihn herum. Bei all seinen Kämpfen ist David zur Freundschaft fähig. Er zeigt Gefühle. Er versteckt sich nicht hinter dem Panzer einer Rüstung. Er ist ein Kämpfer, der um den Verlust lieber Menschen trauert. Er ist ein Freund, der zu seiner Liebe steht. Er ist ein Sänger, der seine Erfahrungen mit dem Leben vor Gott besingt. Er bringt zum Ausdruck, was ihn bewegt. Und er ist von Jugend an Zitherspieler, der die Musik liebt und mit seiner Musik den depressiven Saul zu heilen vermag. Musiker und Krieger, das sind für uns heute Gegensätze, die wir uns kaum zusammen denken können. Und doch zeigt sich darin ein wesentliches Bild männlicher Selbstwerdung. Nur wer beide Pole zuläßt, die Musik und den Kampf, das Spielerische und die Verantwortung, das Gefühl und den Verstand und Willen, gelangt zu jener Reife, die den alten König David auszeichnet.

Der Archetyp des Königs, den wir in David erkennen können, meint, daß ein Mann selbst lebt, anstatt von außen gelebt zu werden, daß er in sich steht, mit sich im Einklang ist. Und König ist derjenige, der in sich Ordnung schafft, der nicht nur das äußere Reich, sondern auch den inneren Bereich seiner Seele in einer guten Weise strukturiert. Richard Rohr meint, die wichtigste Aufgabe des Königs sei, dem Bereich, in dem er herrscht, Ordnung und Frieden zu schenken: »Allein durch seine Gegenwart fühlen sich die Menschen sicher und geborgen. Jemand, der in einen Raum kommt und der Gruppe das Gefühl von Sicherheit und Geborgenheit geben kann, ist ein König.« (Rohr 89f)

König ist in den Märchen ein Bild für den Menschen, der alle seine Seelenkräfte integriert. Es sind immer drei Königssöhne, die ausziehen, um dem kranken Vater zu helfen. Und gerade der jüngste bringt dem Vater das Heilmittel, das ihn wieder gesund werden läßt. Die drei Söhne stehen für die drei Bereiche im Menschen, für Geist, Seele und Leib, für Verstand, Emotion und Trieb, für Kopf, Herz und Bauch. Die beiden ältesten Söhne scheitern oft auf ihrem Weg, weil sie nicht behutsam mit den helfenden Tieren umgehen, die ihnen begegnen. Sie landen im Wirtshaus. Sie gehen auf im Genießen ihrer hohen Stellung, ohne den Weg der Selbstwerdung zu gehen. So zeigen die Märchen, wie gefährdet der Mann auf seinem Weg der Selbstwerdung ist. Um König zu werden, muß ich alles, was in mir ist, annehmen und mich damit aussöhnen, gerade auch mit der tierhaften Seite, mit dem Unansehnlichen und Wilden in mir. Der König gibt schließlich seine Macht an seinen Sohn. Und er segnet ihn. Das gehört auch zum Wesen des Königs, daß er andere segnet. Viele junge Männer sehnen sich danach, von einem älteren Mann, von einem König, gesegnet zu werden.

Für den griechischen Philosophen Platon ist der König nicht nur derjenige, der ein Land beherrscht, sondern auch einer, der die Höhen und Tiefen des Menschseins kennt. In diesem griechischen Sinn hat Lukas Jesus als König beschrieben, der gerade am Kreuz der wahre König ist. Da durchmißt er alle Höhen und Tiefen dieser Welt. Anders versteht das Johannesevangelium das Königtum Jesu. Jesu Königtum ist nicht von dieser Welt. Es ist eine innere Wirklichkeit, zu der die äußere Welt keinen Zutritt hat und die niemand ihm zu rauben vermag. In Jesus ist eine königliche Würde, über die kein Mensch Macht hat. Und was Jesus von sich sagt, das dürfen wir auch von uns selbst sagen: »Mein Königtum ist nicht von dieser Welt.« Ich habe Männer öfter mit diesem Satz eine Zeitlang gehen lassen. Ich habe ihnen geraten, sich einen Stein auf den Kopf zu legen, der sie zwingen soll, aufrecht zu gehen. Und dann sollen sie diesen Satz in alle Situationen ihres Lebens hineinsprechen, gerade in Situationen von Schwäche, von Kleingemachtwerden, von Enttäuschung und Verletzung. Dann erahnen sie, daß da etwas in ihnen ist, was nicht zerstört werden kann. Das Königliche in ihnen stammt von Gott. Es ist nicht von dieser Welt. Und daher hat die Welt auch keinen Zugriff darauf. Das macht frei. Mit diesem Satz komme ich in Berührung mit dem inneren Raum in mir, in dem Gott herrscht. Dort hat die Herrschaft des Menschen keinen Zutritt. Dort haben auch die selbstentwertenden Stimmen des Über-Ichs keine Macht über mich.

Alle Christen sind in der Taufe zum König gesalbt worden. Der Archetyp des Königs gehört also wesentlich zum christlichen Mann. König sein heißt, daß ich mich nicht kleiner mache, als ich bin, sondern daß ich um meine göttliche Würde weiß, daß ich mich auf den Weg zur inneren Freiheit mache, und daß ich Verantwortung für das Land übernehme, das Gott mir anvertraut hat. Das ist für uns meistens kein äußeres Land, sondern eine Familie, eine Firma, eine Gruppe. Das ist aber auch das Land der eigenen Seele mit seinen Höhen und Tiefen, mit seinen Bergen und Tälern. König ist nur der, der aufhört, andere für seine Situation verantwortlich zu machen, und sein Leben selbst in die Hand nimmt.

9. Salomo: Der Liebhaber

Salomo wird im Ersten Buch der Könige als weiser Herrscher beschrieben. Im Traum fordert Gott ihn auf, eine Bitte zu äußern. Salomo bittet nicht um Reichtum, sondern um Weisheit: »Verleih deinem Knecht ein hörendes Herz, damit er dein Volk zu regieren und das Gute vom Bösen zu unterscheiden versteht.« (1 Könige 3,9) Gott antwortet ihm: »Siehe, ich gebe dir ein so weises und verständiges Herz, daß keiner vor dir war und keiner nach dir kommen wird, der dir gleicht.« (1 Kön 3,12) Diese Weisheit zeigt Salomo in dem sprichwörtlich gewordenen »salomonischen Urteil«, als zwei Frauen zu ihm kommen und sich gegenseitig beschuldigen, daß die andere ihr das eigene Kind weggenommen habe. Als Salomo entscheidet, daß man das Kind entzweischneiden solle, bittet die eine Frau, man solle es der anderen geben, aber nicht töten. Salomo erkennt in ihr die wahre Mutter. Das Volk bewundert seine Weisheit. Auch die Königin von Saba kommt, um seine Weisheit zu bewundern. Die Bibel sagt von ihm: »Die Weisheit Salomos war größer als die Weisheit aller Söhne des Ostens und alle Weisheit Ägyptens.« (1 Kön 5,10) Lukas sieht die Weisheit des Salomo in Jesus erfüllt: »Hier aber ist einer, der mehr ist als Salomo.« (Lukas 11,31) Jesus verkörpert alle Weisheit der Juden und Griechen, des Ostens und des Westens. Das Alte Testament schreibt dem Salomo viele Sprichwörter, Psalmen und Lieder zu. Es nennt ihn als Verfasser des Buches der Sprichwörter, von Kohelet und vom Hohenlied. Nachbiblisch entstehen die Psalmen und Oden Salomos. All das zeigt, daß man Salomo als Dichter verstand, der sowohl die Weisheit als auch die Liebe besang.

Neben seiner Weisheit ist Salomo auch dafür bekannt, daß er viele Frauen geliebt hat: »Er hatte siebenhundert fürstliche Frauen und dreihundert Nebenfrauen.« (1 Kön 11,3) Die Bibel macht ihm nicht zum Vorwurf, daß er so viele Frauen hatte. Damals war das so üblich. Es war eine andere Weise, seine Sexualität und Erotik zu leben. Wir können die vielen Frauen des Salomo auch bildhaft verstehen. Dann zeigen sie uns, daß auch heute der Mann nicht nur mit der Frau, die er geheiratet hat, sondern mit vielen Frauen in Berührung kommt, zu denen er auch erotische Gefühle in sich spürt. Die Frage ist nur, wie er mit diesen Gefühlen umgeht, ob er alle Frauen, für die er etwas fühlt, auch besitzen möchte, oder ob er sie in Freiheit achtet und sich an ihrer Schönheit und Ausstrahlung freut.

Die Bibel wirft dem Liebhaber Salomo nicht dessen Liebe zu vielen Frauen vor, sondern daß darunter viele Ausländerinnen waren, die fremden Kulturen angehörten und ihn dazu verführten, auch ihre Götter zu verehren. Salomo ließ Altäre für alle Götter und Göttinnen erbauen, die seine vielen Frauen verehrten. Man könnte auch sagen, die Liebe zu den Frauen wurde ihm erst zum Verhängnis, als er in den Frauen Göttinnen sah. Wenn ich eine Frau mit einem archetypischen Bild identifiziere, etwa mit einer Göttin oder Erlöserin, dann werde ich unfähig zu wahrer Liebe, dann liebe ich nicht die Frau, sondern das archetypische Bild in ihr. Zur mir kam einmal ein Mann, der mir erzählte, seine Freundin sei für ihn die Erlöserin. Da war mir klar, daß diese Beziehung nicht gutgehen konnte. Sie ging auch in kurzer Zeit auseinander. Liebe heißt, daß ich die Frau als Frau liebe und nicht als eine Göttin, die alle meine Wunden heilt und alle Probleme löst.

Etwas, was Salomos Liebesbeziehungen zu den Frauen von Anfang an geschwächt hat, war, daß er sie allein durch seine Position als König gewonnen hat. Er hat nicht um sie gekämpft.

Ihm fehlte der Krieger, damit er ein guter Liebhaber sein konnte. Ohne den Krieger in sich zu verwirklichen, ist der Mann nicht fähig, eine Frau zu erobern. Ohne Krieger fehlt ihm die Leidenschaft in der Liebe. Da wird seine Liebe schnell langweilig. Und dann braucht er eine Frau nach der anderen, weil er keine richtig zu lieben versteht.

Von Salomo heißt es, daß er »dem Herrn, seinem Gott, nicht mehr ungeteilt ergeben war wie sein Vater David« (1 Kön 11,4). Gott wird zornig über Salomo und droht ihm an, ihm sein Königtum zu entreißen. So endet die vierzigjährige Herrschaft Salomos, der so weise begonnen hat, in der Spaltung Israels. Weil Salomo in sich gespalten war, spaltete sich auch das Volk in das Südreich und Nordreich. David hatte klein begonnen und war als weiser Herrscher gestorben. Salomo begann als weiser und reicher König und endete als ein Mann, der sich von den auseinanderstrebenden Tendenzen seiner Seele spalten ließ und daher um sich herum Spaltung bewirkte. Das ist die Tragik dieses großen Königs. Aber es ist ein Phänomen, das wir heute oft beobachten können. Salomo ist der typische Nachfolger. Er braucht nicht zu kämpfen. Er übernimmt das Reich, das David mit viel Energie und Kampf aufgebaut und stabilisiert hat. Salomo kann im Kämpfen und Organisieren seinem Vater nicht das Wasser reichen. Daher verlegt er sich auf das Geistige und vernachlässigt das Reich. So geht das Reich zugrunde. Was so gut angefangen hat, spaltet sich, weil ihm die Energie des Kriegers und des Königs fehlt.

Andererseits sagt nur von Salomo die Bibel: »Salomo aber liebte den Herrn.« (1 Kön 3,3) Die Liebe zu Frauen befähigte ihn offensichtlich auch, Gott wahrhaft zu lieben. Die Liebe zu Gott stand nicht im Gegensatz zu seiner Fähigkeit, Frauen zu lieben. Die reine Form seiner erotischen und sexuellen Liebe drückt Salomo aus in wunderbaren Liebesliedern, wie sie das Hohelied gesammelt hat. In diesen Liedern preist der Verfasser, den die Tradition später mit Salomo identifizierte, die Liebe zwischen Mann und Frau als das größte Geschenk, das Gott dem Menschen gegeben hat. Da besingen Geliebter und Geliebte sich gegenseitig: »Schön bist du, meine Freundin, ja, du bist schön. Zwei Tauben sind deine Augen. Schön bist du, mein Geliebter, verlockend. Frisches Grün ist unser Lager.« (Hohelied 1,15f) Sie genießen ihre Liebe, die voller Erotik und Sexualität ist, und singen: »Stört die Liebe nicht auf, weckt sie nicht, bis es ihr selbst gefällt.« (Hld 2,5) Der Freund fühlt sich von der Liebe seiner Freundin verzaubert: »Verzaubert hast du mich, meine Schwester Braut, ja verzaubert mit einem Blick deiner Augen, mit einer Perle deiner Halskette. Wie schön ist deine Liebe, meine Schwester Braut; wie viel süßer ist deine Liebe als Wein.« (Hld 4,9f) Und die Braut besingt ihren Geliebten: »Sein Mund ist voll Süße; alles ist Wonne an ihm. Das ist mein Geliebter, ja, das ist mein Freund, ihr Töchter Jerusalems.« (Hld 5,16) Am Ende dieser wunderbaren Liebeslieder steht die Einsicht: »Stark wie der Tod ist die Liebe, die Leidenschaft ist hart wie die Unterwelt. Ihre Gluten sind Feuergluten, gewaltige Flammen. Auch mächtige Wasser können die Liebe nicht löschen; auch Ströme schwemmen sie nicht weg. Böte einer für die Liebe den ganzen Reichtum seines Hauses, nur verachten würde man ihn.« (Hld 8,6f) Männer lieben diese Verse aus dem Hohenlied, die ohne moralisierenden Zeigefinger die sexuelle Liebe zwischen Mann und Frau besingen. Sie atmen etwas von der Freiheit und Lust, die der Eros im Mann auslöst.

Der Archetyp des Liebhabers gehört zum reifen Mann. Doch viele Männer tun sich schwer, den Liebhaber in sich zuzulassen. Denn da müßten sie ihr Inneres öffnen und die Kontrolle über sich aufgeben. Der Liebhaber läßt seine Gefühle zu. Er zeigt auch seine verletzlichen Seiten. Patrick Arnold meint, der Liebhaber setzt den gereiften Mann voraus: »In einer unreifen oder narzißtischen Person degeneriert der Liebhaber zur plärrenden Romantik der Hitparaden oder zur Pathologie des abhängigen Persönlichkeitstyps, den man als ›Klette‹ bezeichnet.« (Arnold 222) Wer sich für die Liebe öffnet, der macht sich verwundbar. Aber ohne Liebe kann man den inneren Reichtum seiner Seele und seines Leibes nicht entdecken. Die Liebe läßt das Leben im Mann strömen. Zum Liebhaber gehört nicht nur die Fähigkeit, eine Frau zu lieben oder sich einem Mann gegenüber in freundschaftlicher Liebe zu öffnen. Der Liebhaber möchte auch die Beziehung zu Gott prägen. In einer kraftvollen Liturgie vermag der Mann oft genug eine leidenschaftliche Liebe zu Gott erfahren. Wenn er sich aus ganzem Herzen einläßt auf die Rituale, auf die Gesänge, auf die Stille, dann wächst in ihm eine tiefe Liebe zu Gott.

Das Christentum hat oft die Liebe zu Gott von der leidenschaftlichen Liebe zwischen Mann und Frau getrennt. Man sollte zwar Gott aus ganzem Herzen lieben. Aber die Liebe zwischen Mann und Frau verdächtigte man, daß sie einen eher von Gott abhalten würde. Doch ohne eine starke Erotik wird auch die Liebe zu Gott kraftlos. Sie verliert die Buntheit der Phantasie und die Kraft der Leidenschaft. Viele Männer haben sich von der Kirche abgewandt, weil sie den Archetyp des Liebhabers, den sie in sich spüren, nicht mit den kirchlichen Auffassungen von Liebe und Sexualität in Einklang bringen konnten. Sie fühlten sich von der Kirche oft verletzt, weil sie ihre Sexualität immer mit Schuldgefühlen belegte. Von der Bibel kann der Mann lernen, seiner erotischen Kraft zu trauen, und sich an seiner Sexualität zu freuen. Zugleich zeigt ihm die Bibel auch Wege auf, seine erotische Liebe zu Männern oder Frauen mit der Gottesliebe zu verbinden. Denn in seinem ungeheuren Bedürfnis nach Liebe wird er immer wieder erfahren, daß er die Frau oder den Mann mit Sehnsüchten auflädt, die sie überfordern. Die Liebe zur Frau führt ihn letztlich in eine spirituelle Dimension, zu Gott, dem einzigen Liebhaber, der seine Sehnsucht zu stillen vermag. Wenn sich ein Mann verliebt, dann erfährt er nicht nur eine Verzauberung seines ganzen Wesens. Er kommt auch in Berührung mit seinen spirituellen Bedürfnissen. Ohne die Erfahrung des Verliebtseins bleibt die Beziehung des Mannes zu Gott nüchtern, leer, auf bloße Pflichterfüllung ausgerichtet. Arnold meint, das Verliebtsein löse ein spirituelles Erdbeben aus. Viele Männer gehen diesem Erdbeben lieber aus dem Weg, weil sie dabei die Kontrolle über ihr Gefühlsleben verlieren. Doch unsere Beziehung zu Gott wird nur dann leidenschaftlich und herzlich, wenn wir uns auf das Verliebtsein und die Liebe immer wieder einlassen.

Die Geschichte Salomos zeigt uns aber auch die Ambivalenz des Liebhaber-Archetyps. In der Liebe zur Frau erfährt der Mann die Öffnung zur Transzendenz. Da erahnt er etwas von der geheimnisvollen Liebe Gottes. Doch wenn der Mann die Liebe zur Frau selbst vergöttlicht, wenn er in der Frau seine Erlöserin, seine Göttin sieht, dann verfällt er in eine ungesunde Abhängigkeit. Dann wird seine Seele gespalten wie bei Salomo. Die Liebe zur Frau hat etwas zu tun mit der Liebe zu Gott. Es genügt nicht, mit der protestantischen Theologie zu sagen, die Ehe sei ein »rein weltlich Ding«, die Liebe zwischen Mann und Frau sei etwas rein Irdisches. Damit schneide ich die erotische und sexuelle Liebe von ihrem göttlichen Wurzelgrund ab. Die sexuelle Liebe ist eine wichtige Quelle der Spiritualität. In ihr drückt sich die göttliche Liebe aus. Aber sie darf nicht mit Gott verwechselt werden. Sonst führt es zum Götzendienst.

Die Bibel moralisiert nicht, auch nicht beim Liebhaber Salomo. Sie zeigt die Gefahren der Liebe auf, aber sie bleibt dabei, ihre Schönheit zu besingen. In der Liebe werden wir immer auch Fehler machen, wie es Salomo getan hat. Der Liebhaber überschreitet die Grenzen und hält sich nicht an die Gesetze. Doch

Salomo sagt selbst: »Liebe deckt alle Vergehen zu.« (Sprichwörter 10,12) »Besser einen Fehler zu machen, indem man zu sehr liebt, als keinen zu machen, indem man gar nicht liebt.« (Arnold 229) Auch in der Liebe lernen wir nur über Fehler und Irrtum. Alle Weisheit, die wir mitbekommen, schützt uns nicht davor, in der Liebe auch mal blind zu sein. Die Liebe beschert uns nicht nur Freude und Ekstase, Verzauberung und Verschmelzung, sondern oft auch Trauer, Einsamkeit, Verlassenwerden, Depression. Sie führt uns in die Höhen und Tiefen der Leidenschaft, in den Himmel und in die Unterwelt, in das Licht und in die Dunkelheit. Sie hat eine enorme Kraft in sich, die unsere selbstgenügsame Welt aufbricht. Sie kann unsere Wunden heilen. Aber sie schlägt uns auch neue Wunden. Nur wer beide Seiten der Liebe zuläßt, wird von ihr in das Geheimnis wahrer Mannwerdung eingeführt. Der Mann, der nur von der Liebe schwärmt, benutzt sie als Fluchtweg vor der eigenen Wirklichkeit. Der Mann, der sich ihr verweigert, verschließt sich aus Angst vor der Verwandlung, die sie in ihm bewirken möchte.

Der Archetyp des Liebhabers stellt den Mann vor die Aufgabe, immer weiter zu wachsen und zu reifen. Die Liebe hindert den Mann daran, sich mit seiner Rolle zu identifizieren. Wer sich mit seiner Rolle als Firmenchef, als Rechtsanwalt oder als professioneller Helfer identifiziert, der fühlt sich zu wichtig, um sich noch auf das Abenteuer der Liebe einzulassen. Doch damit verweigert er seine innere Entwicklung und Reifung. Der Archetyp des Liebhabers öffnet den Mann aber nicht nur für die Liebe zu einer Frau oder für die Freundschaft mit einem Mann, sondern auch für die eigene »anima«. Die »anima« ist nach C. G. Jung die weibliche Seite im Mann. Der wahre Liebhaber geht auch zärtlich mit seiner eigenen anima um. Er spürt, daß in ihm die Fähigkeit zu lieben ist, die Fähigkeit, Liebe zu geben und zu empfangen. Und er ahnt, daß in ihm eine liebenswerte anima ist, eine Quelle von Inspiration, von Zärtlichkeit, von Mitgefühl und

Liebe. Ohne anima vertrocknet der Mann. Nur wenn er seine anima integriert, wird er zum ganzen Mann.

Die nicht integrierte anima zeigt sich für Jung in der Launenhaftigkeit des Mannes. Bei manchen Firmenchefs weiß die Sekretärin genau, wie er heute gelaunt ist, ob sie ihm bestimmte Anliegen vortragen kann oder nicht. Doch die Sekretärin spürt auch, daß in dieser Launenhaftigkeit des sonst so selbstsicheren Mannes eine Schattenseite lauert, die ihn am Leben hindert. Er hat seine anima nicht integriert. Deshalb wird er von seinen Launen bestimmt. Und er wird abhängig von Frauen. Er läßt sich von Frauen um den Finger wickeln. Er kennt keinen reifen Umgang mit Frauen. Die Integration der anima nennt C. G. Jung das Meisterstück, das der Mann auf seinem Weg der Selbstwerdung vollbringen muß. Doch zugleich meint er, daß den wenigsten dieses Meisterstück wirklich gelingt. In den Märchen steht die Vereinigung mit der Braut immer am Ende des Heldenweges. Wahre Liebe wird erst möglich, wenn der Held seinem eigenen Schatten begegnet, wenn er sich den Gefahren stellt und sich von Gott zu seiner Aufgabe berufen läßt. Heute scheitern viele Männer an der Liebe, weil sie meinen, sie wären von sich aus schon dazu fähig. Damit die Liebe gelingt, braucht es die ehrliche Selbstbegegnung und die Erfahrung der Höhen und Tiefen des Menschseins.

10. Jeremia: Der Märtyrer

Im Propheten Jeremia begegnet uns ein anderes archetypisches Bild für den Mann: der Prophet und der Märtyrer. Was Prophet sein heißt, wird uns im Leben des Jeremia beschrieben. Prophet ist der, der das sagt, was er von innen her sagen muß. Oder anders ausgedrückt: Prophet ist der, der Gottes Wort verkündet, der das sagt, was er in der Stille von Gott her hört. Und das steht oft im Gegensatz zu dem, was man sonst sagt, was die Allgemeinheit zu hören wünscht. Jeremia ist der leidende Prophet. Er spürt in sich einen Drang, gegen alle politische Euphorie Unheil anzusagen, die allgemeine Meinung zu stören, indem er dunkle Töne in das schrille Siegesgeschrei mischt. Und er verkündet Heil, wo alle in Depression zu verfallen drohen. Jeremia steht mit seiner eigenen Existenz ein für das, was er sagt. Er ist Zeuge für das, was er verkündet. Er wird inmitten einer feindlichen Welt zum Märtyrer seiner Sendung. Es zerreißt sein Herz, daß er gegen die öffentliche Meinung aufstehen muß. Einsam fühlt er sich und oft genug von Gott verlassen. Von keinem anderen Propheten wissen wir soviel über seine inneren Kämpfe wie von Jeremia.

Jeremia wird als junger Mann von Gott berufen. Es ist das Jahr 628 vor Christus. In Jerusalem herrscht der fromme König Joschija, der dem Gesetz des Mose wieder Geltung verschafft. Jeremia stammt aus einer Priesterfamilie in Anatot. Er berichtet selbst von seiner Berufung: »Das Wort des Herrn erging an mich: Noch ehe ich dich im Mutterleib formte, habe ich dich ausersehen, noch ehe du aus dem Mutterschoß hervorkamst, habe ich dich geheiligt, zum Propheten für die Völker habe ich dich bestimmt. Da sagte ich: Ach, mein Gott und Herr, ich kann doch nicht reden, ich bin ja noch so jung. Aber der Herr erwiderte mir: Sag nicht: Ich bin noch so jung. Wohin ich dich auch sende, dahin sollst du gehen, und was ich dir auftrage, das sollst du verkünden.« (Jeremia 1,4–7) Jeremia drängt sich nicht selbst in die Rolle des Propheten. Er wird von Gott berufen, gegen seinen eigenen Widerstand und gegen seine Bedenken, er sei doch unfähig zum Reden. Es sind nicht seine Fähigkeiten, die ihn zum Propheten geeignet erscheinen lassen, sondern allein der Ruf Gottes. Und diesen Ruf erlebt Jeremia als schmerzlich.

Als der fromme König Joschija stirbt, auf den das Volk alle Hoffnung gesetzt hatte, folgt ihm Jojakim nach. Er regiert von 609 bis 597. Er macht die Reform des Joschija wieder rückgängig. Heidnische Sitten dringen ein. Nun tritt Jeremia leidenschaftlich dagegen auf und stellt sich dem König entgegen. Der verfolgt ihn. Enttäuscht über den Mißerfolg seiner Verkündigung klagt Jeremia Gott an, er habe ihn im Stich gelassen. In den sogenannten »Konfessionen« schreit er seine Verzweiflung heraus: »Weh mir, Mutter, daß du mich geboren hast, einen Mann, der mit aller Welt in Zank und Streit liegt. Ich bin niemands Gläubiger und niemands Schuldner, und doch fluchen sie mir alle. ... Ich sitze nicht heiter im Kreis der Fröhlichen; von deiner Hand gepackt, sitze ich einsam; denn du hast mich mit Groll angefüllt. Warum dauert mein Leiden ewig und ist meine Wunde so bösartig, daß sie nicht heilen will? Wie ein versiegender Bach bist du mir geworden, ein unzuverlässiges Wasser.« (Jer 15,10.17f) Jeremia fühlt sich von seinen eigenen Verwandten im Stich gelassen. Seine Landsleute sind gegen ihn. Er steht allein gegen alle. Er leidet daran, daß er mit der ganzen Welt im Streit liegt. Es ist nicht sein Unversöhntsein, daß er mit allen Streit bekommt. Es ist der Auftrag Gottes, der ihn außerhalb der Gemeinschaft stellt. Aber der Prophet fühlt sich auch von Gott verlassen. Er empfindet

Gott, aus dem er bisher seine Kraft geschöpft hat wie einen »versiegenden Bach«. Er kann sich nicht auf ihn verlassen. Jeremia klagt Gott an: »Du hast mich betört, o Herr, und ich ließ mich betören; du hast mich gepackt und überwältigt.« (Jer 20,7) Er leidet darunter, daß er immer nur »Gewalt und Unterdrückung« schreien muß. Aber sobald er versucht, die Worte, die er von Gott her hört, zu unterdrücken, um sich der Meinung der anderen anzupassen, »so war es mir, als brenne in meinem Herzen ein Feuer, eingeschlossen in meinem Innern. Ich quälte mich, es auszuhalten, und konnte nicht.« (Jer 20,9f) Er muß reden, ob er will oder nicht. Denn wenn er sich Gott verweigert, brennt es so in seinem Herzen, daß er es nicht auszuhalten vermag. Aber in aller Klage und Verzweiflung hält Jeremia doch an Gott fest. Denn er weiß: »Doch der Herr steht mir bei wie ein gewaltiger Held. Darum straucheln meine Verfolger und kommen nicht auf.« (Jer 20,11).

Jeremia findet keinen Gefallen daran, prophetische Worte zu verkünden. Er stellt sich damit nicht in den Mittelpunkt. Es gibt heute viele selbst ernannte Propheten. Sie merken gar nicht, wie sie Macht ausüben mit Worten, die sie als prophetisch ausgeben. Und wie sie sich selbst damit interessant machen möchten. Sie fühlen sich als etwas Besonderes, weil sie glauben, genau den Willen Gottes zu wissen. Jeremia muß von Gott gedrängt werden, das zu verkünden, was er ihm einflüstert. Und er zeugt dafür mit seiner ganzen Existenz. Das Leben des Jeremia ist keine Erfolgsgeschichte. Er bleibt zwar von der Verschleppung der Juden unter Nebukadnezar im Jahre 597 v. Chr. verschont. Doch unter König Zidkija (597–586) wird er während der Belagerung Jerusalems des Verrats verdächtigt. Man verhaftet ihn und hält ihn im Wachhof des Königspalastes gefangen. Der König läßt den Propheten heimlich zu sich kommen und fragt ihn, ob er nicht ein Gotteswort für ihn habe. Jeremia prophezeit dem König, daß er in die Hand des Königs von Babel ausgeliefert werde. Die Beamten beschweren sich bei Zidkija über Jeremia: »Dieser Mann muß mit dem Tod bestraft werden; denn er lähmt mit solchen Reden die Hände der Krieger.« (Jer 38,4) Es ist Wehrmachtszersetzung, die man dem Propheten vorwirft. Schließlich wirft man ihn in eine Zisterne. Dort versinkt Jeremia im Schlamm. Ein Kuschiter, also ein Ausländer, rettet ihn aus dieser mißlichen Situation. Wieder fragt ihn der König nach einem Gotteswort. Jeremia antwortet ihm: »Wenn ich es dir verkünde, läßt du mich bestimmt umbringen, und wenn ich dir einen Rat gebe, hörst du nicht auf mich.« (Jer 38,15) Jeremia wird zwar nicht umgebracht. Aber der König folgt nicht dem, was ihm der Prophet sagt. So erlebt Jeremia schließlich das Scheitern seiner Mission. Es wäre ihm sicher lieber gewesen, dem König Hoffnung zu machen. Aber er kann nur sagen, was Gott ihm sagt. Und damit widerspricht er der öffentlichen Meinung, der Kriegsstimmung.

Die Juden, die nach Babylon verschleppt wurden, tröstet der Prophet in Briefen. Und als Jerusalem im Jahre 586 fällt, versucht er dem Volk Trost zuzusprechen. Er läßt sich nicht von der allgemeinen Depression anstecken, sondern hält dagegen. Aber seine Trostworte sind keine billige Vertröstung. Mit seinen Trostworten eckt er genauso an wie vorher mit seinen Unheilsprophezeiungen. Dennoch sind es wunderbare Worte, die uns auch heute noch berühren: »Fürchte dich nicht, du, mein Knecht Jakob – Spruch des Herrn –, verzage nicht, Israel! Denn ich bin es, der dich aus fernem Land errettet, deine Kinder aus dem Land ihrer Gefangenschaft. Jakob wird heimkehren und Ruhe haben; er wird in Sicherheit leben, und niemand wird ihn erschrecken. Denn ich bin mit dir – Spruch des Herrn –, um dich zu retten.« (Jer 30,10f) Jeremia verheißt allen, die an ihren Wunden leiden, Heilung: »Ich lasse dich genesen und heile dich von deinen Wunden.« (Jer 30,17) Und denen, die in der Fremde versprengt sind, die sich von Gott verlassen fühlen, die an Gottes

Wirken zweifeln, verkündet er die Worte Gottes: »Mit ewiger Liebe habe ich dich geliebt, darum habe ich dir so lange die Treue bewahrt. Ich baue dich wieder auf, du sollst neu gebaut werden, Jungfrau Israel. Du sollst dich wieder schmücken mit deinen Pauken, sollst ausziehen im Reigen der Fröhlichen.« (Jer 31,3f)

Jeremia ist der Prophet, der an seiner Sendung leidet. Er spürt in sich die Berufung, das Wort Gottes gegen die herrschende Meinung zu verkünden. Das macht ihn einsam, das bringt ihm nur Feindschaft und Gehässigkeit ein. Dennoch kann Jeremia nicht anders. Sonst würde er sich verbiegen. Jeremia ist für jeden Mann eine Herausforderung, dem zu trauen, was er in seiner Seele von Gott her hört. Gott spricht in den inneren Ahnungen. Wir haben keine Gewißheit, ob diese Ahnungen stimmen oder nicht. Dennoch müssen wir aussprechen, was wir spüren, auch um den Preis, von den Menschen verachtet zu werden, unser Beliebtsein zu verspielen.

Weil ich am anderen Propheten, an Elija, den Archetyp des Propheten näher betrachten werde, will ich mich bei Jeremia auf das Bild des Märtyrers beschränken. Wie jeder Archetyp hat auch der des Märtyrers seine aufbauenden und wertvollen Seiten, aber auch seine Gefahr. Die Aufgabe des Märtyrers ist es, die Liebe zu lernen. Die Gefahr besteht darin, daß manche Märtyrer sich aufopfern, um Liebe zu bekommen. Sie geben sich selbst auf, anstatt sich hinzugeben. Der reife Märtyrer gibt sich dem Leben hin und er gibt sich für die Menschen hin, aber ohne sich dabei selbst aufzugeben. Es hat keine selbstzerstörerische Wirkung, wenn er sich hingibt, sondern eine befreiende. Er verkörpert das, was Jesus gesagt hat: »Wer sein Leben retten will, wird es verlieren; wer aber sein Leben um meinetwillen verliert, der wird es retten.« (Lukas 9,24) Wer krampfhaft an sich selbst festhält, dessen Leben wird schal und erstarrt. Nur wer sich selbst an das Leben hingibt, wer sich auf das einläßt, was gerade von ihm gefordert wird, dessen Leben beginnt zu strömen. Doch manche verstehen diese Hingabe falsch. Sie opfern sich auf, um Liebe und Zuwendung zu bekommen. Doch dann geht ihr Opfer ins Leere. Sie empfinden die Welt als ungerecht. Denn sie werden nie bekommen, was sie insgeheim erhoffen. Sie fühlen sich ausgenutzt. Das Opfer darf einen nicht verstümmeln. Es geht nicht darum, wesentliche Bereiche von sich zu opfern, sondern sich loszulassen, um sich ganz dem Leben und der Liebe hingeben zu können. Dann werden wir in der Hingabe Lebendigkeit und innere Erfüllung erfahren.

Heute wird der Archetyp des Märtyrers ins Gegenteil verfälscht durch die Selbstmordattentate. Junge Menschen bringen sich selbst um, um dabei möglichst viele Menschen mit in den gewaltsamen Tod zu ziehen. Hier dient das Martyrium nicht dem Leben, sondern nur dem Tod. Es entspringt nicht der Liebe zum Leben, sondern dem Haß auf sich selbst und auf die Menschen. Es ist letztlich Ausdruck von Menschenverachtung und Selbstverachtung. Es ist eine pessimistische Sicht seiner selbst, die einen zu so einem Martyrium treibt. Weil man sich vom Leben nichts erhofft, zerstört man sich und dabei noch andere. Es sind meistens Männer, die sich im Tod selbst zerstören. Offensichtlich gibt es eine destruktive Männlichkeit, die sich in krankhafter Weise mit dem Tod beschäftigt. Auf manche Männer übt der Tod eine eigenartige Faszination aus. Sie schauen sich oft Sendungen an, in denen Menschen erschossen werden. Oder sie widmen sich dem Extremsport, in dem sie den Tod immer in Kauf nehmen. Sie fühlen sich nur am Leben, wenn sie die Nähe des Todes spüren. Frauen haben da eine andere Einstellung zu Leben und Tod. Der Archetyp des Märtyrers will nicht die negative Todessehnsucht des Mannes stärken. Der wahre Märtyrer stirbt vielmehr immer für das Leben. Er setzt sein Leben aufs Spiel, weil er dem Leben dient.

Zum Märtyrer gehört auch die Fähigkeit zu leiden. Er »erkennt, daß Leid ein Bestandteil des Lebens ist, den er weder leugnen, noch fliehen, noch mit kriegerischer Aktivität gänzlich verhindern kann. Das Leid kann sich uns als immanenter Teil unseres Wachsens und Reifens zeigen.« (Fischedick 221) Jeremia stellt sich dem Leiden. Aber er sucht es nicht. Es ist keine masochistische Leidenssucht bei ihm festzustellen. Aber weil er an seiner Sendung festhält, weicht er dem Leiden nicht aus, in das er gerät. So wird er gerade durch das Leid geläutert und fähig zu Worten des Trostes, die voller Liebe sind. In den tröstenden Prophezeiungen spürt man, daß da ein Mann durch das Leid die Kunst des Liebens gelernt hat. Wer Mann werden will, kann dem Leiden nicht aus dem Weg gehen. Er soll es nicht suchen. Aber wenn er seinen Weg authentisch geht, ohne sich zu verbiegen, der wird auf diesem Weg erfahren, daß es – wie C. G. Jung immer wieder sagt – ein Kreuzweg ist, daß er immer wieder durchkreuzt wird. Dazu Ja zu sagen und nicht davonzulaufen, das ist das Bild des Märtyrers, das nach wie vor auch für uns heute gültig ist.

Der Märtyrer legt mit seiner ganzen Existenz Zeugnis ab für das, was er vertritt. Die Märtyrer der frühen Kirche haben mit ihrem Tod die Auferstehung Jesu bezeugt. Ihr Zeugnis für die Wahrheit war ihnen wichtiger als ihr Leben. Bei manchen Märtyrerberichten tun wir uns heute schwer. Es wird immer wieder berichtet, daß die frühen Christen freudig in den Tod gingen. Psychologisch geschult wittern wir da eine masochistische Tendenz. Doch wenn wir uns in die Seele dieser mutigen Männer und Frauen hineindenken, so entdecken wir, daß ihnen nicht der Tod wichtig war, sondern das Zeugnis für Christus. Sie wollten mit ihrer ganzen Existenz Zeugnis für Christus ablegen. Sie wollten keine falschen Kompromisse mit der weltlichen Macht eingehen. Solche klaren und heldenhaften Männer und Frauen braucht es heute genauso wie damals. Es sind Menschen, die sich nicht verbiegen lassen. Sie reden nicht nur von der Wahrheit. Sie predigen nicht nur ihren Glauben, sondern sie bezeugen ihn mit ihrem ganzen Leben. Sie suchen nicht den Tod. Aber ihr Zeugnis beinhaltet auch die Bereitschaft, dafür in den Tod zu gehen. Die Wahrheit ist ihnen wichtiger als das Leben. Die innere Klarheit und Stimmigkeit stehen bei ihnen über dem Gut der physischen Existenz. Die Märtyrerberichte der frühen Kirche sind erfüllt von einer freudigen Hoffnung auf das ewige Leben. Weil die Christen an die Auferstehung Jesu glaubten, ließen sie sich auch von Todesdrohungen nicht schrecken. Der Tod hat für sie jeden Schrecken verloren. Daher konnten sie mit ihrem Leben den Glauben bezeugen. Ihr Glaube war ihnen kein frommes Etikett, sondern der Grund, auf dem sie standen, die Quelle, aus der sie schöpften. Sie hätten die Grundlage ihres Lebens verleugnen müssen, wenn sie auf die Angebote der Richter eingegangen wären, ihr Leben zu retten.

Märtyrer sind nicht nur ein Phänomen der frühen Kirche. Auch unsere Zeit bringt Märtyrer hervor. Im Dritten Reich gab es unerschrockene Männer und Frauen, die den Tod in Kauf nahmen für ihren Kampf um Wahrheit und Gerechtigkeit. In Lateinamerika werden immer wieder Männer und Frauen ermordet, die die christliche Botschaft ernst nehmen und sich für die Armen einsetzen. Wenn wir von ihrem Leben und Sterben hören, spüren wir, daß von solchen Menschen auch unsere Zeit lebt. Ohne sie wäre unsere Zeit ärmer. Allerdings sind wir heute auch sensibler für die Ambivalenz dieses Archetyps. Gefährlich wird es immer, wenn sich jemand mit dem archetypischen Bild des Märtyrers identifiziert. Dann gefällt er sich in dieser Rolle. Wir erleben das manchmal in Gruppen. Da fühlt sich jemand unverstanden und abgelehnt. Doch anstatt sich um Klärung zu bemühen und die Konflikte anzugehen, flüchtet er in die Rolle des Märtyrers. Damit wird er blind für die eigenen Bedürfnisse und für seinen Anteil am Konflikt. Als Märtyrer wird er zum bleibenden Vorwurf an die anderen: »Ihr seid schuld, daß ich leiden muß. Ihr habt mich zum Märtyrer gemacht.« Für manche ist es eine Versuchung, die Rolle des Märtyrers zu spielen. Sie kommen sich dabei als etwas Besonderes vor. Sie können sich über die anderen stellen. Die wahren Märtyrer haben sich nie mit dem archetypischen Bild identifiziert. Sie haben mit ihrer Existenz Zeugnis abgelegt. Sie sind in ihrem Kampf für die Wahrheit zum Märtyrer geworden. Von ihnen geht Freiheit und Klarheit aus, Kraft und Aufrichtigkeit. Von solchen Märtyrern sind Männer fasziniert. Sie lesen gerne ihre Geschichten. Sie spüren, daß von ihnen eine männliche Energie ausgeht, an der sie gerne teilhätten. Ob es Oscar Romero oder Martin Luther King, Dietrich Bonhoeffer oder Graf Moltke ist, standhafte Männer, die auch den Tod nicht scheuen, zeigen der Öffentlichkeit ein positives Bild vom Mann, ein Bild, das sowohl Männer wie Frauen überzeugt.

Ich bin stolz auf meinen Vater, daß er sich im Dritten Reich nicht verbiegen ließ. Da er den Hitlergruß verweigerte, wurde er verdächtigt und öfter angezeigt. Schon 1938 stand ein Polizist vor seinem Geschäft und wollte es schließen, weil er einen »Farben-Namen« (Grün) trage. Farben-Namen galten als jüdisch. Mein Vater ließ sich nicht aus der Ruhe bringen und verlangte, daß der Polizist sich ausweise. Als der Polizist merkte, daß er keinen Eindruck auf meinen Vater machte, wurde er menschlicher und zog unverrichteter Dinge wieder ab. Mein Vater hat uns gelehrt, klar zu sein und für das einzustehen, was uns wichtig ist. Auch wenn mir das nicht immer gelingt, so weiß ich doch meinen Vater hinter mir, wenn ich mal zu feige bin. Dann stärkt er mir den Rücken, damit ich ein klarer Zeuge bleibe.

11. Elija: Der Prophet

Während Jeremia der zweifelnde und an seiner Aufgabe leidende Prophet ist, scheint Elija der starke und selbstbewußte Prophet zu sein. Er kämpft allein gegen die 450 Baalspriester und besiegt sie. Er läßt alle umbringen, die nicht seinen Glauben bekennen. (Vgl. 1. Buch der Könige 18) In seiner Aggressivität merkt Elija gar nicht die eigenen Schattenseiten. Wer so leidenschaftlich gegen etwas kämpft, der ist meistens angezogen von dem, was er vernichten will. Baal steht für den Gott der Fruchtbarkeit, für die weiblichen Gottheiten Kanaans. Jahwe ist der männliche Gott, der Kriegsgott. Heute sehen wir, daß Elija ein einseitiges Gottesbild hat und daran festhält. Seine prophetische Sendung ist vermischt mit einer rigorosen Spiritualität. Solange Elija seine männliche Seite ausleben kann, fühlt er sich stark. Doch sobald ihm die weibliche Seite in Gestalt der Königin Isebel entgegentritt, fällt sein ganzes Selbstvertrauen in sich zusammen. Jetzt gerät er »in Angst, machte sich auf und ging weg, um sein Leben zu retten«. (1 Kön 19,3) Er ergreift die Flucht vor Isebel, vor der weiblichen Seite, die er so bekämpft hat. Doch als er allein in der Wüste ist, holt ihn diese Seite wieder ein. Jetzt begegnet er sich, ohne den Schutz seiner männlichen Kraft, mit der er gegen andere kämpfen könnte. Jetzt ist er sich selbst ausgeliefert. Und da hat er keine Lust mehr am Leben. Er möchte am liebsten sterben. Er sagt sich: »Nun ist es genug, Herr. Nimm mein Leben; denn ich bin nicht besser als meine Väter.« (1 Kön 19,4) Er verfällt in eine tiefe Depression. Gerade auf dem Höhepunkt seines Erfolges und seiner Kraft begegnet er seiner eigenen Schattenseite. Und die kann er nicht aushalten. Er ist enttäuscht über sich selbst. Er erkennt, daß das, was er im anderen bekämpft hat, in ihm selbst ist. Er ist ja auch nicht besser als seine Väter, auch nicht besser als die, gegen die er gekämpft hat.

Gott nimmt den Elija in seine Schule. Er schickt ihm einen Engel, daß er ihn aufweckt und aufrichtet. Der Engel stärkt ihn mit Brot und Wasser. Doch Elija ißt und trinkt und legt sich wieder hin. Der Engel muß ein zweites Mal kommen, um ihn auf den Weg zu bringen. Dann geht er in der Kraft dieser Speise vierzig Tage und Nächte durch die Wüste zum Gottesberg Horeb. Gott zeigt ihm dort, daß sein Gottesbild einseitig war. Der Prophet wollte Gott nur als den mächtigen sehen, der alle seine Gegner im Feuer seines Zornes vertilgt. Doch Gott ist ein sanfter und leiser Gott, der ihm in der leisen Stimme des Windes begegnet. Im Schweigen muß der Prophet alle seine Gottesbilder lassen, um dem ganz anderen Gott zu begegnen, dem Gott, den er nicht mehr für sich benutzen kann, dem Gott, der sich nicht instrumentalisieren läßt für seine eigenen Größenphantasien oder für seine Männlichkeitsvorstellungen. Elija läßt sich auf den Weg ein, den Gott ihn gehen heißt. Er erkennt den ganz anderen Gott. Und so endet Elija als der größte Prophet des Alten Testamentes. Er wird in den Himmel entrückt, nachdem er Elischa zu seinem Nachfolger bestimmt und ihm von seinem Geist gegeben hat.

Es ist eine dramatische Szene, die uns die Bibel von Elijas Entrückung in den Himmel erzählt: »Während sie miteinander gingen und redeten, erschien ein feuriger Wagen mit feurigen Pferden und trennte beide voneinander. Elija fuhr im Wirbelsturm zum Himmel empor. Elischa sah es und rief laut: Mein Vater, mein Vater! Wagen Israels und sein Lenker!« (2 Kön 2,11f) Elija führt Elischa ein in das Amt des Propheten. Es ist wie eine Initiation in das Mannwerden. Elischa bittet seinen Meister, er möge ihm doch zwei Anteile seines Geistes zufallen lassen. Elija verspricht es ihm. Als er in den Himmel entrückt wird, nimmt Elischa den Mantel des Propheten und schlägt damit auf das Wasser. Es weicht zurück. Der Schüler ist mit der Kraft des Meisters begabt. Aber er muß seinen eigenen Weg gehen. Er hat Elija wie einen Vater erfahren und wie einen, der das Schicksal des Volkes lenkt. Ohne ihn fühlt er sich allein. Doch mit seiner Kraft begabt traut er sich zu, wozu ihn Gott beauftragt. Männer bräuchten heute solche Väter und Lehrer, die sie einführen in die Kunst, Mann zu werden.

Elija hatte etwas Feuriges an sich. Er konnte begeistern. Doch diese Fähigkeit hatte auch seine Schattenseiten. Sie konnte zum Feuer der Leidenschaft werden, wie die Szene mit den Baalspriestern zeigt. Dort hat ihn das Feuer hingerissen, die Baalspriester zu ermorden. Im Sterben wird der Prophet selbst zum Feuer. Er hat sich vom Feuer der Gottesliebe verwandeln lassen. Nun wärmt er als Feuer die Menschen, die sich seit jeher nach dem Feuer sehnen. Männer, die wie Elija begeistern können, müssen selbst durch das Feuer Gottes hindurch, damit sie die Menschen nicht in eine Richtung mitreißen, die nichts mehr mit Gott zu tun hat, sondern nur mit dem eigenen Ehrgeiz. Es treten auch heute immer wieder Menschen auf, die andere begeistern. Und oft genug mißbrauchen sie diese Fähigkeit. Sie machen die anderen von sich abhängig. Elija wird in den Himmel aufgenommen, damit die Menschen ihm nicht mehr nachlaufen, sondern sich von seinem Geist erfüllen lassen. Elija wird von Gott geläutert, damit das Feuer, das in ihm ist, nur noch für Gott Zeugnis ablegt und nicht mehr von seiner eigenen Leidenschaft. Elija begegnet seiner eigenen Schwäche. Nur so kann er die Kraft, die Gott ihm geschenkt hat, richtig einsetzen. Ohne die Begegnung mit den eigenen Schattenseiten ist der Mann in Gefahr, mit seiner Kraft Menschen zu zerstören, anstatt sie aufzubauen und zu ermutigen.

In der Taufe werden alle Christen zu Propheten gesalbt. Unsere Aufgabe als Prophet hat verschiedene Aspekte. Prophet ist der, der auf seine urpersönliche Weise Gott ausspricht. Jeder ist Prophet, wenn er das einmalige Wort, das Gott nur in seinem Leben spricht, in dieser Welt zum Ausdruck bringt. Jeder hat etwas von Gott mitzuteilen, was nur durch ihn gesagt werden kann. Jeder kann einen Aspekt von Gott sichtbar werden lassen, der nur durch ihn in dieser Welt aufleuchten kann. Eine andere Aufgabe des Propheten ist es, die Dinge so zu sehen, wie Gott sie sieht. »Der wahre Prophet gemahnt uns kompromißlos daran, wer wir wirklich sind, was wir hier tun und was wir in Gottes Augen und in seinem Herzen sind.« (Arnold 198) Er öffnet uns die Augen, damit wir die Illusionen entlarven, die wir uns unter dem Einfluß der Meinung anderer von uns und dem Zustand unserer Welt gemacht haben. In jedem von uns ist so ein innerer Prophet. Aber oft ist er verschüttet. Oder wir kratzen nur an der Oberfläche. Dann werden wir zu permanenten Nörglern, die nur unzufrieden sind mit dem Vorhandenen, aber keinen Weg in die Zukunft weist. Der wahre Künstler hat immer auch Zugang zu seinem inneren Propheten. »Wahre Kunst ist prophetisch … Der aufrichtige Künstler zeigt uns eine Vision der Wirklichkeit, die uns auffordert, die Dinge auf eine neue Weise zu sehen, zu hören und zu fühlen.« (Arnold 201)

Der dritte Aspekt des Prophetseins ist, daß wir mit unserer ganzen Existenz aufstehen und die Ungerechtigkeit ansprechen, dort wo wir ihr begegnen. Zum Prophetsein gehört auch der Widerspruch gegen die Falschheit der Mächtigen, ohne Rücksicht auf das eigene Wohlbefinden. Der Prophet begnügt sich nicht damit, angepaßt und korrekt zu leben. Er möchte seine Stimme erheben, wenn er spürt, daß diese Welt, und daß die Kirche falsche Wege gehen. Prophet sein heißt, die Dinge beim Namen zu nennen, ohne Angst anzuecken. Das Konzil hat die prophetische Sendung der Kirche neu zur Sprache gebracht. Aber wo sind heute die Männer in der Kirche, die sich trauen, ihre Stimme gegen den Zeitgeist zu erheben für die Wahrheit und Gerechtigkeit, für die Stimmlosen in unserer Gesellschaft, für die an den Rand Gedrängten und Ausgestoßenen? Der Prophet lebt gefährlich. Der Preis dafür, daß Menschen aus ihrem ›inneren Propheten‹ heraus die wahren Zustände dieser Welt aussprechen, ist oft sehr hoch. Auch heute bezahlen Propheten ihren Auftrag mit dem Leben, sei es in El Salvador, in Simbabwe oder in Algerien. Auch die Kirche tut sich schwer mit Propheten. Sie macht sie lieber mundtot und verbaut ihnen alle kirchlichen Ämter. Oft lautet der Vorwurf gegen die Kritiker, es ginge ihnen nur darum, »das Ansehen der Kirche zu beschädigen« oder sich als Ankläger aufzuspielen. Der Prophet kritisiert jedoch nicht, um anzuklagen, sondern um den Willen Gottes neu zum Bewußtsein zu bringen. Und der Wille Gottes deckt sich nicht immer mit unseren Vorstellungen einer harmonischen Kirche, die ihre Konflikte lieber unter den Teppich kehrt, um nach außen hin den Anschein von Einheit zu erwecken.

Die Gefahr beim Archetyp des Propheten liegt darin, daß sich der Prophet mit dem Archetyp identifiziert. Dann wird er blind für die eigene Wahrheit. Er meint, er sei der einzige, der sich traut, die Wahrheit zu sagen. Alle anderen seien ja nur feige. Mit solchen Gedanken stellt er sich über die anderen und fühlt sich als etwas Besonderes. Er merkt gar nicht, wie sich in seine Prophetenrolle Machtbedürfnisse und Absolutheitsansprüche hineinmischen. Eine andere Gefahr besteht darin, daß sich jemand auf den Heiligen Geist beruft und anderen vorhersagt, was mit ihnen geschehen wird, oder aber irgendwelche Schreckensszenarien für die Zukunft ausmalt. Viele Menschen können sich gegen solche Prophezeiungen nicht wehren. Denn sie denken, es könne ja vielleicht doch stimmen. Wenn ich zu einem anderen in der Rolle des Propheten spreche, erhebe ich mich über ihn. Ich verlasse die normale Kommunikationsebene und stelle mich über ihn. Er hat mir einfach zu gehorchen. Ich lasse an meinen Prophezeiungen nicht rütteln. Sie dürfen nicht hinterfragt werden. Es gibt immer wieder Menschen, die der Gefahr erliegen, sich mit dem archetypischen Bild des Propheten zu identifizieren und sich an der Machtfülle zu berauschen, die sie dadurch bekommen.

Elija hat die Gefährdung des Propheten erlebt. Er hat seine Macht genossen, die ihm das Prophetenamt gab. Aber er mußte schmerzlich erleben, wie ihm diese Seite des Propheten genommen wurde. Er mußte in die Schule Gottes gehen, um in der Stille auf den Gott zu hören, der ihm nicht immer ein Wort schenkt, das er gegen die Menschen schleudern kann. In der Stille will Gott nicht immer reden, sondern mit dem Menschen schweigen, weil er nicht nur seine Stimme, sondern vor allem sein Herz will. In der Stille begegnet der Prophet seinen eigenen Schattenseiten. Da erkennt er die Gefahr, sich über andere stellen zu wollen. Doch in der Stille kann auch das Wort Gottes an ihn ergehen, ein Wort, mit dem er nicht mehr selbst angeben kann, sondern für das er mit seiner ganzen Existenz eintreten muß. Nur wenn der Prophet sein Herz Gott öffnet, darf er im Namen Gottes sprechen. Er spricht dann nicht, um seine Macht zu zeigen, sondern weil Gott ihn dazu drängt. Unsere Zeit braucht solche Männer, die sich von Gott dazu herausfordern lassen, als Propheten gegen alle lebensfeindlichen Tendenzen in unserer Gesellschaft aufzutreten und den Mächtigen entgegenzutreten, die ihre Macht mißbrauchen, um die Völker zu unterdrücken. Prophetische Männer brauchen etwas von der Kraft und von dem Feuer, das Elija ausstrahlt.

12. Ijob: Der leidende Gerechte

Ijob ist keine historische Gestalt, sondern der Typos eines weisen und gerechten Mannes. Kaum eine biblische Gestalt hat nach dem zweiten Weltkrieg in der Literatur mehr Beachtung gefunden als Ijob. Ijob heißt »der Angefeindete«. Er erlebt sich als Mann, der von allen Menschen angefeindet wird, ja der selbst Gott nicht als seinen Freund und Schützer erfährt, sondern als den Unbegreiflichen, der ihm Unglück zumutet. Ijob kann auch übersetzt werden mit: »Wo ist der Vater?« Wer soviel Leid erfährt wie Ijob, der erlebt sich als vaterlos. Wir schreien wie Ijob nach Gott als unserem Vater, wenn eine unheilbare Krankheit nach uns greift, wenn unser Lebensgebäude zusammenbricht, oder wenn uns ein lieber Mensch entrissen wird. Wir rufen nach dem Vater, wenn wir unser Leben nicht mehr verstehen. Wir klagen Gott an, weil wir ihn nicht mehr als Vater erleben, sondern wie Ijob als Feind.

Das Land Uz, aus dem Ijob stammt, ist geographisch nicht mehr zu bestimmen. Es ist ein ideales Land, in dem die Menschen noch eine ursprüngliche und intakte Beziehung zu Gott hatten. Weil die Gottesbeziehung noch nicht von der Sünde getrübt ist, herrschen in diesem Land auch paradiesische Zustände. Doch aus diesem Paradies wird Ijob durch die Macht des Bösen vertrieben. Das stürzt ihn in eine schwere Glaubensprüfung. Die Auseinandersetzung, von deren der Dichter dieses biblischen Buches schreibt, war für das Volk Israel vor allem in der Zeit des babylonischen Exils typisch. Es ist aber auch eine Auseinandersetzung, die jeden Mann betrifft, der sich um Rechtschaffenheit bemüht und doch immer wieder auch Leid und Unheil erfährt. Das Buch Ijob zeigt Männern Wege auf, nicht zu verzweifeln und nicht an Gott irre zu werden, wenn alles über ihnen zusammenstürzt.

Von Ijob heißt es: »Dieser Mann war untadelig und rechtschaffen; er fürchtete Gott und mied das Böse.« (Ijob 1,1) Seine Rechtschaffenheit wurde belohnt. Er hatte sieben Söhne und drei Töchter und einen großen Besitz. Er lebte in Frieden und freute sich seines Lebens. Da auf einmal trifft ihn das Unglück. Alles wird ihm genommen, zuerst sein Besitz, dann seine Kinder, dann die eigene Gesundheit. Als er alles verloren hat, was ihm lieb und teuer ist, fällt er auf die Erde und sagt: »Nackt kam ich hervor aus dem Schoß meiner Mutter; nackt kehre ich dahin zurück. Der Herr hat gegeben, der Herr hat genommen; gelobt sei der Name des Herrn.« (Ijob 1,21) Der so erfolgreiche Mann hängt nicht an seinem Besitz. Er ist einverstanden, daß Gott ihm alles genommen hat. Das ist schon eine erstaunliche Haltung. Er läßt alle Illusionen von einem erfolgreichen Leben los. Doch dann kommen Freunde, um ihm zunächst schweigend beizustehen. Sie halten es bei ihm sieben Tage und sieben Nächte schweigend aus. »Keiner sprach ein Wort zu ihm. Denn sie sahen, daß sein Schmerz groß war.« (Ijob 2,13) Es ist eine großherzige Haltung, den Schmerz des anderen auszuhalten und ihn nicht tot zu reden. Doch als sie nach sieben Tagen zu sprechen anfangen, da versuchen sie, sich eine Theorie über das Schicksal des Ijob zurechtzulegen. Das Schicksal des Freundes ist für sie Bestätigung ihrer Theologie, daß nur der Schuldige Unheil erleidet. Also soll Ijob nachforschen, wo er Schuld auf sich geladen hat.

Wenn ich das Schicksal eines Menschen deute und eine Theorie darüber entwickle, dann ist das immer ein Zeichen dafür, daß ich mir diesen Menschen vom Leib halte. Ich lasse mich nicht auf den leidgeprüften Menschen ein. Ich verstecke mich hinter der

Theorie, die ich von mir gebe. Doch Ijob wehrt sich gegen die Theorie seiner Freunde und gegen ihre Versuche, sein Schicksal zu deuten. Ijob weist alle Deutungsversuche weit von sich. Er hält daran fest, daß er vor Gott nicht schuldig geworden ist. Das ist für uns erstaunlich, haben wir doch alle gelernt, daß wir Sünder sind. Ijob vertraut seinem Gefühl. Er hat nicht gegen Gott und seinen Willen gehandelt. Er traut dem eigenen Gespür für das, was richtig ist. Und er läßt sich von seinen Freunden nicht gegen sein eigenes Gewissen davon überzeugen, daß er selbst an seinem Schicksal schuld ist. Gott gibt ihm schließlich recht. Zu den Freunden Ijobs sagt er: »Ihr habt nicht recht von mir geredet wie mein Knecht Ijob.« (Ijob 42,7) Gott hält keine Rechtfertigungsrede. Er zeigt dem Ijob nur die Wunder seiner Schöpfung. Das überzeugt den leidgeplagten Mann Ijob. Als er mit eigenen Augen schaut, was Gott geschaffen hat, da bekennt er: »So habe ich denn im Unverstand geredet über Dinge, die zu wunderbar für mich und unbegreiflich sind.« (Ijob 42,3)

An Ijob fasziniert mich, daß er nicht klein beigibt, sondern seinem Gespür traut. Er fühlt sich nicht schuldig. Diesen Mann können Männer verstehen. Sie haben Jahrhunderte hindurch darunter gelitten, daß sie sich immer vor Gott klein machen mußten, daß sie überall nach Schuld suchen sollten. Ijob erlaubt es uns, zu uns zu stehen, wie wir sind, ohne uns selbst zu beschuldigen. Nietzsche hat zurecht manchmal die Tendenz im Christentum kritisiert, daß es überall nach Sünden geschnüffelt und den Menschen entwertet hat. Er hat damit ein Gefühl vieler Männer aufgegriffen, die sich vom Christentum abgewandt haben, weil sie es leid waren, überall nach Schuld zu suchen und sich ständig als Sünder zu fühlen. Es geht nicht darum, alles, was man tut, zu rechtfertigen, sondern um eine gesunde Haltung dem eigenen Handeln gegenüber. Der rechtschaffene Mann hat durchaus einen Blick für das, was sich geziemt, für Werte, die er vertreten möchte. Aber er kann es nicht haben, daß man alle seine Bemühungen um Rechtschaffenheit entwertet, indem man alles hinterfragt und überall Sünde und Schuld entdeckt. Und Ijob gibt uns den Mut, gegen alle vorschnellen Deutungsmuster vorzugehen. Wir können keine Antwort geben, warum ausgerechnet uns diese Krankheit oder dieses Schicksal getroffen hat. Wir müssen es einfach aushalten, keine Deutung zu haben. Männer wehren sich, wenn man ihnen genau erklären will, warum sie in diese oder jene Situation geraten sind. Sie haben ein Gespür für das Unerklärliche. Sie halten es lieber aus, als daß sie allzu eilfertigen Erklärungsversuchen trauen.

Gott rechtfertigt den Ijob und er gibt ihm schließlich den ganzen Besitz wieder. Nachdem er alles losgelassen hatte, als er aufgegeben hatte, sich von seinem Besitz und von seinem Ruf her zu definieren, bekam er alles wieder. So konnte er es dankbar genießen, ohne sich daran festzuklammern. Die Bibel zeigt an diesem leidenden Gerechten, daß Gott selbst das Scheitern zu verwandeln vermag. In demjenigen, für den alles zerbrochen ist, kann Gott oft etwas aufbauen, was das Frühere noch übertrifft. Das ist eine tröstliche Botschaft für Männer, deren Leben nicht so glatt verläuft, wie sie es sich erträumt haben.

In Ijob begegnen wir dem leidenden Gerechten, der für Israel ein archetypisches Bild war, das dann später auch auf Jesus übertragen wurde. In diesem Bild kommt die schmerzliche Erfahrung zum Ausdruck, daß es oft gerade die Gerechten sind, die leiden müssen. Hier wird die Theologie des Leidens neu geschrieben. Denn in allen Religionen gibt es auch die Haltung, daß sich der Mensch das Leiden selbst schafft, daß er an seiner Krankheit selbst schuld ist. Natürlich wissen wir aus der Psychologie, daß an dieser Theologie etwas dran ist. Aber es ist auch eine gefährliche Theologie. Denn sie sagt jedem Kranken: Du hast dir deine Krankheit selbst geschaffen. Und jedem Leidenden: Du bist selbst schuld daran. Du hast sicher an dir und deiner Wahrheit vorbeigelebt. Ijob befreit uns von dieser menschenverachtenden Theologie. Nein, das Leid trifft nicht immer die, die es verdient haben, sondern oft genug die, die rechtschaffen gelebt haben. Es kommt von außen, ohne daß wir immer die Ursache erkennen können. Es hilft uns dann nicht, damit fertig zu werden, indem wir bei uns krampfhaft eine Schuld suchen, eine psychologische oder moralische Schuld. Wir dürfen wie Ijob gegen das Leid ankämpfen und mit Gott ringen und kämpfen. Wir dürfen Gott anklagen, daß er uns so etwas zugemutet hat. Alle Gefühle dürfen sein. Und nur wenn wir alle Gefühle von Wut, Trauer, Enttäuschung, Verzweiflung und Schmerz zulassen, können sie sich wandeln und wir können dann auf einmal wie Ijob das Geheimnis Gottes erkennen. Allerdings können wir dann immer noch nicht den Sinn unseres Leids erklären. Wir verzichten darauf, die Ursache und den Sinn unseres Leids theologisch aufzuklären. Wir fallen schweigend nieder vor dem unbegreiflichen Gott und dem unverständlichen Leid. Indem wir darauf verzichten, etwas zu deuten, kann in uns etwas Neues wachsen, so wie bei Ijob, der einen neuen Anfang wagte, und dessen Leben reicher wurde als zuvor.

Das archetypische Bild des leidenden Gerechten ähnelt dem des Märtyrers. Und doch gibt es da einen Unterschied. Den Märtyrer trifft das Leid, weil er zu seiner Überzeugung steht. Der leidende Gerechte weiß nicht, warum er leiden muß. Er leidet weder, weil gerecht ist, noch weil er gesündigt hat. Das Leid bleibt ein Geheimnis. Ijob kann das Warum seines Leidens nicht erklären. Er kann nur ja sagen zu dem Leiden, das ihn trifft. Seine Aufgabe ist es, die Herausforderung des Leidens anzunehmen und daran zu reifen. Männer gehen dem Leiden gerne aus dem Weg. Sie verdrängen es oder versuchen es, mit allen möglichen Mitteln – seien es Medikamente, spirituelle Techniken, Ernährungsstrategien und so weiter – zu besiegen. Oder aber sie möchten das Leid bekämpfen und es in den Griff bekommen. Leiden ist für sie eine Herausforderung, etwas zu verändern. Sie gehen aktiv an das Leid heran. Das ist durchaus eine gesunde Seite der Männer. Doch es gibt auch ein Leiden, das man nicht mehr bekämpfen oder besiegen kann. Mit ihm muß man sich aussöhnen. Und das ist für Männer oft sehr schwer. Es ist für sie eine narzißtische Kränkung, sich einzugestehen, daß sie das Leid nicht aus eigener Kraft besiegen können. Doch wenn sie ihr Leid annehmen und darin eine Herausforderung sehen, dann wird es für sie zu einem wichtigen Lehrmeister. Es zwingt sie, die Illusionen loszulassen, die sie sich von sich gemacht haben, etwa die Illusion, daß sie ihr Leben selbst in der Hand haben, oder daß sie durch eine gesunde Lebensweise ihre Gesundheit garantieren könnten. In der Krankheit und im Leid wird mir alles genommen, woran ich mich festgehalten habe. Ich kann mich nicht mehr von meinem Erfolg, von meiner Kraft, von meiner Gesundheit her definieren. Ich brauche einen tieferen Grund, letztlich Gott als den eigentlichen Grund, aus dem ich lebe.

Männer, die sich dem Leid gestellt haben und durch Leiden hindurchgegangen sind, strahlen eine eigene Qualität aus. Sie sind weise geworden. Das Leid hat sie milde gemacht. Und es hat sie eingeweiht in tiefe Geheimnisse. Wenn ich solchen Männern begegne, fühle ich mich immer tief berührt. In mir regt sich Ehrfurcht vor dem Geheimnis dieser Männer, vor ihrer Weisheit, vor der Verwandlung, die sie im Leid erfahren haben. Das Buch Ijob endet damit, daß Ijob all seinen Besitz wiederbekommt, daß er noch reicher wird als zuvor. Die Erfahrung, die hinter diesem »happy end« steht, wird mir in den Männern bestätigt, die durch Leid gegangen sind. Sie bekommen nicht die alte Gesundheit oder Kraft oder Erfolg wieder zurück. Aber es geht von ihnen etwas aus, das mehr ist als äußerer Reichtum. Der innere Reichtum, den sie widerspiegeln, übertrifft alles, was sie ausstrahlen, bevor sie durch das Leid hindurchgegangen sind. Mich faszinieren solche Männer. Und ich spüre, daß von ihnen die

Weisheit ausgeht, die uns heute darin einweisen könnte, wie Leben wahrhaft gelingt. Natürlich könnte ich das Gleiche auch von leidgeprüften Frauen sagen, die eine ähnliche Ausstrahlung haben. Auch Frauen haben ein Gespür für das Geheimnis des leidenden Gerechten.

13. Jona: Der Schelm

Der Prophet Jona ist ein interessanter Mann. Der amerikanische Jesuit Patrick Arnold sieht in ihm den Archetyp des Schelms verwirklicht. Nicht umsonst gibt es zahlreiche humoristische Nachdichtungen der Jonageschichte in verschiedenen Mundarten. Die Geschichte des Jona hat bei vielen zumindest den Eindruck hinterlassen, daß Gott Humor hat, und daß Jona wider Willen zum Schelm wird, so wie der Clown im Zirkus meistens unfreiwillig in die komischsten Situationen gerät. Der Dichter, der die Jonaerzählung geschaffen hat, hat offensichtlich Sinn für den Humor Gottes gehabt. Die mittelalterliche Kunst hat den Propheten Jona meistens als jugendlichen Mann mit kahlem Kopf dargestellt. In vielen Darstellungen der Kunst wird das Schelmenhafte dieser biblischen Gestalt sichtbar.

Jona bekommt von Gott den Auftrag, nach Ninive zu gehen und der Stadt das Strafgericht anzudrohen. Doch Jona geht in die verkehrte Richtung. Er flieht vor seinem Auftrag. Er begründet es später damit, daß er doch wußte, daß Gott barmherzig sei und seine Androhung nicht wahrmachen würde. Das ärgert ihn. So findet er ein Schiff, das nach Tarschisch in Spanien fährt. Unterwegs droht das Schiff im heftigen Sturm unterzugehen. Die Seeleute werfen das Los, um zu erfahren, wer am Unglück schuld sei. Das Los fällt auf Jona. Der muß wider Willen bekennen, daß er vor Jahwe wegläuft. Auf sein Geheiß hin werfen ihn die Seeleute ins Meer, und sofort hört das Meer auf zu toben. Unfreiwillig bekehrt Jona die Seeleute zu Jahwe. Sie bringen dem Gott Israels ein Opfer dar und machen ihm Gelübde. (Vgl. Jona 1,3–16)

Ein großer Fisch verschlingt den Jona und speit ihn nach drei Tagen wieder aus. Das ist ein bekanntes Bild aus dem Heldenmythos. Der Held wird immer von einem Ungeheuer verschlungen. Doch er wird daraus geläutert und gereift, neu geboren. Jona bekommt von Gott nochmals den Auftrag, nach Ninive zu gehen. Nun gehorcht er dem Befehl Gottes. Er zieht durch die Stadt und verkündet: »Noch vierzig Tage, und Ninive ist zerstört!« (Jona 3,4) Und zur großen Verwunderung, ja auch zum großen Ärger des Propheten nehmen die Leute von Ninive seine Predigt ernst und bekehren sich. Da hat einer Erfolg mit seiner Predigt. Aber er ist nicht zufrieden damit. Er wollte offensichtlich lieber dabei zuschauen, daß die Stadt in Schutt und Asche fällt, als daß sie sich bekehrt. Voller Zorn über seinen unbeabsichtigten Bekehrungserfolg beklagt er sich bei Gott: »Ich wußte, daß du ein gnädiger und barmherziger Gott bist, langmütig und reich an Huld, und daß deine Drohungen dich reuen. Darum nimm mir jetzt lieber das Leben, Herr! Denn es ist für mich besser zu sterben als zu leben.« (Jona 4,2f) Das ist schon eine erstaunliche Reaktion. Er möchte sterben, nur weil sich die Leute in Ninive für das Leben entschieden haben. Hier bekommt der Zorn des Jona etwas Humoristisches und Groteskes. Jona ist hier wie ein Clown, der sich bewußt in seinen Zorn und seine Trauer vergräbt, wenn nach außen hin alles wunderbar läuft. Er reagiert gerade anders, als die Zuschauer es erwarten.

So clownhaft geht es im Buch weiter. Jona setzt sich in der Nähe der Stadt nieder und macht sich dort ein Laubdach, um im Schatten zu beobachten, was mit der Stadt geschieht. Gott sorgt liebevoll für den Propheten, indem er einen Rizinusstrauch wachsen läßt, »der seinem Kopf Schatten geben und seinen Ärger vertreiben sollte.« (Jona 4,6) Jona kann sich sogar darüber freuen. Doch als ein Wurm den Strauch annagt und er verdorrt, da wünscht er sich den Tod. Und als Gott ihn fragt, ob es wirklich recht von ihm ist, wegen des Rizinusstrauches zornig zu sein, da antwortet er trotzig: »Ja, es ist recht, daß ich zornig bin und mir den Tod wünsche.« (Jona 4,9) Jona ist hier wie ein kleines Kind, das sich trotzig in die Schmollecke zurückzieht. Doch die Erwachsenen schauen dem Kind lachend zu. Sie nehmen es nicht ernst. Und vielleicht nimmt Jona sein übertriebenes Verhalten selbst nicht ernst. Er spielt die Tragödie und weiß doch im Innersten, daß es eigentlich eine Komödie ist.

Für mich ist das Buch Jona mehr als nur die Bestätigung für den – wie die Einheitsübersetzung in der Einleitung schreibt – »alle Schranken durchbrechenden allgemeinen Heilswillen Gottes«. Für mich ist gerade die humoristische Art dieses Buches wohltuend. Es bringt Humor in die Beziehung zu Gott. Es nimmt die Predigt und das Verhalten des Jona nicht so ernst. Immer wenn Männer ihren Lebensentwurf allzu ernst nehmen, wenn sie verbissen daran arbeiten, alles richtig zu machen, wird ihr Leben langweilig. Dann fehlt ihnen die Weite und die Lebendigkeit. Der Humor ist die Voraussetzung, daß jemand sich selbst in aller Gelassenheit annehmen kann. Und er hindert uns daran, eine allzu ernsthafte Spiritualität zu verfolgen. Manchmal atmen unsere spirituellen Bücher zu viel Pathos. Das Buch Jona kennt kein Pathos, genauso wenig wie der Schelm. Der Schelm entlarvt das Pathetische als Flucht vor der Realität unseres Lebens, die oft genug banal und durchschnittlich ist. Humor ist die Annahme des Durchschnittlichen und Alltäglichen, aber eine liebende und gelassene Annahme, keine Annahme mit zusammengebissenen Zähnen. Das habe ich an meinem Vater immer geschätzt. Wenn etwas anders ging, als er sich das vorgestellt hatte, wurde er nicht zornig, sondern lachte. Als unser Geschäft schlecht ging und meine Eltern an Weihnachten uns nicht viel schenken konnten, hat mein Vater das ausgeglichen, indem er etwa meiner jüngsten Schwester geduldig erklärte, wie schön die Puppe ohne Haare sei. Meine Schwester war von diesem Vortrag wenig beeindruckt und warf die Puppe trotzdem in die Ecke. Mein Vater machte einen neuen Anlauf – doch wieder ohne Erfolg. Er schimpfte meine Schwester nicht, sondern lachte einfach. Ihre Hartnäckigkeit hat ihn offensichtlich mehr beeindruckt als sein eigenes Redetalent.

Es gibt drei archetypische Bilder des Schelms. Da ist zum einen der Schelm in Tiergestalt, etwa der Coyote bei den Indianern. In vielen Zeichentrickfilmen feiert der Schelm in Tiergestalt heute seine Triumphe und bringt die Zuschauer zum Lachen. Nach C. G. Jung erinnert uns der Tierschelm an unser primitives tierisches Wesen. Indem er uns darüber lachen läßt, bringt er uns mit Humor dazu, ja zu sagen zu unseren tierischen Trieben. Wer seine animalische Seite verleugnet, der wird immer wieder von ihr eingeholt werden. Der Tierschelm will uns die Weisheit lehren, so wie es die Tiere in vielen Märchen tun.

Oft tritt der Schelm in Menschengestalt auf. Der Schelm deckt uns unsere Schattenseiten auf. Er ist wie ein Stehaufmännchen, das immer wieder auftaucht, wenn wir gerade dabei sind, uns mit unserer Rolle zu identifizieren. Er läßt nicht zu, daß wir uns etwas vormachen. Der Schelm ist letztlich eine spirituelle Gestalt. Er bewahrt uns davor, uns in unserem Glauben aufzublähen und über die anderen zu stellen. Er erinnert uns daran, daß wir Menschen sind. »Einen gesunden Glauben kennzeichnet Humor, der über sich selbst lachen kann; nüchterne Prüderie herrscht dagegen in morbider Religiosität.« (Arnold 215) Die Kirche feierte im Mittelalter ein Fest der Narren. Da gab es einen Kinderbischof und einen Narrenpapst. Offensichtlich braucht die Religion den Narren, damit sie nicht abgleitet in Dogmatismus und fundamentalistisches Pochen auf die Tradition.

Die Griechen kennen Hermes als den göttlichen Schelm. Er ist der trickreiche Betrüger. Schon am Tag seiner Geburt stiehlt der kleine Hermes seinem Bruder Apollon die Rinder. Als Apollon in seiner Weisheit trotz der raffiniert verwischten Spuren zur Höhle des Hermes kommt und dort den Dieb vermutet, tut Hermes unschuldig. Er als kleines Kind in seinen Windeln sähe doch nicht aus wie ein Dieb. Wer mit dem Hermes in sich in Berührung kommt, der zeichnet sich aus durch Gewitztheit, List und durch die Fähigkeit, seine Gestalt zu verändern. Wie jeder Archetyp hat auch dieser zwei Seiten. Wer von diesem Archetyp beherrscht ist, wird zum phantasievollen Dieb und listenreichen Betrüger. Hermes war bei den Griechen aber auch der Seelenführer. Er versteht die Ränke der Seele. Und er ist der einzige Gott, der immer wieder alle drei Bereiche durchstreift: den Himmel (Olymp), die Erde und die Unterwelt. Er hat Zugang zu tiefen spirituellen Weisheiten. Er steigt hinab in die Tiefe des Hades, in die eigene Schattenwelt, damit all das, was in unserer Tiefe verborgen liegt, ans Licht kommt. Das ist die eigentliche Bedeutung des göttlichen Schelms, daß er uns auf humorvolle Art und Weise die eigene Wahrheit aufdeckt und uns Mut macht, in Demut (humilitas) hinabzusteigen in das Schattenreich unserer Seele, um dort alles ans Licht zu bringen, was wir am liebsten verdrängen möchten.

Wenn Männer zusammenkommen, erzählen sie oft Witze. Manchmal regen sich Frauen dann darüber auf, daß sie über oberflächliche oder derbe Witze lachen. Doch Männer haben das Bedürfnis, miteinander Spaß zu haben. Auch wenn diese Witze manchmal auf Kosten der Frauen oder auf Kosten der Mächtigen gehen, so drückt sich darin doch das Bedürfnis aus, das Leben nicht zu ernst zu nehmen, auszusteigen aus der harten Welt des Berufs, auszusteigen aus dem Pathos einer übertriebenen Spiritualität, die sich selbst zu ernst nimmt. Zum Mannsein gehört der Humor. Der Mann braucht den Schelm in sich, um in dieser Welt gelassen zu leben. Ohne den Schelm würde er sich in den Zorn über die Zustände dieser Welt hineinsteigern. Aber natürlich hat auch der Schelm eine Schattenseite. Er kann alles ins Lächerliche ziehen und sich von aller Verantwortung drücken. Es braucht immer beide Pole: die Bereitschaft, gegen alles Unrecht dieser Welt zu kämpfen, und zugleich die innere Freiheit, die der Schelm gegenüber allem repräsentiert. Der wahre Schelm demaskiert alles Unechte und Ungerechte in der Welt. Und in der Demaskierung steckt oft mehr Kraft als im gewaltsamen Anrennen. Wer verbissen gegen etwas kämpft, der beißt sich oft im Kampf fest und kommt doch keinen Schritt weiter. Wer das Ungerechte entlarvt, der nimmt ihm seine Macht. Der Humor ist eine subversive Kraft. Daher fürchten vor allem totalitäre Staaten den Humor. Aber auch heute treten Politiker noch gerne mit großem Pathos auf. Da braucht es die gesellschaftskritische Funktion des Schelms, der das Pathos entlarvt als Versuch, die Menschen zu manipulieren.

14. Petrus: Der Fels

Petrus wird von allen Evangelien als der Apostel gesehen, der eine Führungsrolle im Kreis der Jünger spielt. Aber zugleich schildern die Evangelien diesen Mann als mit Fehlern und Schwächen behaftet. Jesus nennt ihn den Felsen. Der Fels steht für Festigkeit und Unveränderlichkeit. Gott wird in der Bibel als Fels bezeichnet, der uns schützt. An einen Felsen kann man sich anlehnen. Der Fels verleiht einem sicheren Stand. Doch Petrus, der Fels, macht eher einen wankelmütigen Eindruck. Er ist feige und weicht aus. Simon muß erst einen langen Reifungsweg gehen, um für andere zum Felsen zu werden. Von manchen Männern sagen wir, daß sie wie ein Fels in der Brandung sind. Wir bewundern sie. Die Geschichte des Simon Petrus zeigt uns, daß wir auch in unserer Feigheit und Schwäche für andere zum Felsen werden können, wenn wir uns auf den Weg der Verwandlung einlassen, wie ihn uns die Evangelien von Simon beschreiben.

Im ältesten Evangelium beruft Jesus zuerst Simon und seinen Bruder Andreas. Beide gehören zur ärmeren Klasse von Fischern, die nur ein Netz besitzen, aber kein Boot. Jakobus und sein Bruder Johannes stehen dagegen in der sozialen Ordnung höher. Sie sind auch Fischer. Aber sie betreiben eine Fischereiflotte mit Booten. (Markus 1,16–20) Lukas verwischt diese sozialen Unterschiede. Bei ihm gehört Petrus zur Mittelklasse. Er tritt sofort nach seiner Berufung in den Mittelpunkt. Als den Jüngern auf Jesu Befehl hin ein reicher Fischfang glückt, da fällt Petrus Jesus zu Füßen und sagt: »Herr, geh weg von mir; ich bin ein Sünder.« (Lukas 5,8) Petrus erkennt in der Begegnung mit Jesus seine eigene Wirklichkeit. Und da muß er bekennen, daß er ein Sünder ist, daß er nicht zu den Frommen gehört, die Jesus nachfolgen, weil sie auf einem spirituellen Weg sind. Sünder bezeichnet im Griechischen einen Menschen, der sein Ziel verfehlt, der an sich selbst vorbei lebt.

Später wird Petrus der Wortführer, so etwa bei der Verklärung Jesu. (Lk 9,33) Petrus ist auf der einen Seite impulsiv. Sobald Jesus den Jüngern eine Frage stellt, antwortet spontan immer Petrus. Die bekannteste Stelle ist die Szene, in der Jesus die Jünger fragt, für wen die Leute den Menschensohn halten. Sofort schießt es aus Petrus heraus: »Du bist der Messias, der Sohn des lebendigen Gottes!« (Matthäus 16,16) Jesus lobt ihn ob dieser Antwort: »Selig bist du, Simon Barjona; denn nicht Fleisch und Blut haben dir das offenbart, sondern mein Vater im Himmel. Ich aber sage dir: Du bist Petrus, und auf diesen Felsen werde ich meine Kirche bauen, und die Mächte der Unterwelt werden sie nicht überwältigen.« (Mt 16,17f) Weil Simon das Geheimnis Jesu erkannt hat und an ihn als den Messias und Sohn des lebendigen Gottes glaubt, deshalb wird er zum Felsen für die Kirche. Menschen, die fest im Glauben stehen, werden für andere zum Felsen. An ihnen können sich die Zweifler immer wieder aufrichten.

Doch Petrus wird der Rolle als Fels, die Jesus ihm zugedacht hat, nicht gerecht. Als Jesus vom Leiden und von seinem gewaltsamen Tod spricht, der ihn in Jerusalem erwartet, da nimmt ihn Petrus beiseite und will ihm das ausreden: »Das soll Gott verhüten, Herr! Das darf nicht mit dir geschehen!« (Mt 16,22) Das Leiden Jesu paßt nicht mit seinem Gottesbild und seinem Bild vom Messias zusammen. Petrus möchte Jesus in sein Bild des erfolgreichen Messias zwängen. Er meint, Gott müsse ihn vor dem Leiden bewahren. Er ist doch sein Sohn. Doch da fährt ihn

Jesus wirsch an: »Weg mit dir, Satan, geh mir aus den Augen! Du willst mich zu Fall bringen; denn du hast nicht das im Sinn, was Gott will, sondern was die Menschen wollen.« (Mt 16,23) Es ist ein harter Tadel, den sich Petrus da gefallen lassen muß. Jesus bescheinigt ihm, daß er nur seine eigenen Ideen im Kopf hat, aber kein Verständnis für das, was Gottes Wille ist. Letztlich wirft er ihm vor, daß er nicht der Fels ist, auf den er sich verlassen kann, sondern ein Stolperstein, der ihm im Weg steht. Petrus, der in der Gemeinde Jesu eine Führungsaufgabe innehaben soll, kann den Sinn von Jesu Passion nicht begreifen.

Schließlich spielt Petrus in allen Evangelien in der Passion Jesu eine unrühmliche Rolle. Als Jesus davon spricht, daß die Jünger in der Nacht seines Leidens an ihm Anstoß nehmen werden, antwortet Petrus selbstbewußt: »Und wenn alle an dir Anstoß nehmen – ich niemals!« (Mt 26,33) Jesus prophezeit ihm, daß er ihn in dieser Nacht dreimal verraten werde. Doch Petrus weist das weit von sich. Er betont mit großer Sicherheit und starkem Pathos: »Und wenn ich mit dir sterben müßte – ich werde dich nie verleugnen.« (26,35) Doch schon wenige Stunden später erweist sich Petrus einer einfachen Magd gegenüber als feige. Es scheint eine harmlose Situation zu sein, als die Magd ihn darauf anspricht, daß er mit Jesus zusammen war. Wenn die Hohenpriester gewollt hätten, daß auch die Jünger Jesu gefangen genommen werden, hätten sie es ja bei der Gefangennahme Jesu getan. Doch sie wollten nur Jesus, nicht seine Jünger. Petrus nimmt die harmlose Bemerkung der Magd zum Anlaß, Jesus zu verleugnen: »Ich weiß nicht, wovon du redest.« (Mt 26,70) Das zweite Mal wird seine Verleugnung noch schärfer: »Ich kenne den Menschen nicht.« (26,72) Er, der mit Jesus drei Jahre durch die Lande gezogen ist, leugnet, ihn zu kennen. Beim dritten Mal beginnt er sogar, sich zu verfluchen und zu schwören, daß er diesen Menschen nicht kenne. Wie viel Angst und Feigheit kommt in diesen Worten des Petrus zum Ausdruck! Er möchte nicht behelligt werden. Er kann nicht zu sich stehen. Er verleugnet nicht nur Jesus, sondern auch sich selbst. Er will sich am Feuer seiner Gegner wärmen. Er möchte, daß es ihm in der Kälte der Nacht warm wird und er sich wohl fühlt. Die Wärme fremder Menschen wird ihm wichtiger als die Freundschaft mit Jesus, von dem er so fasziniert war. Als der Hahn kräht, wird ihm bewußt, was er getan hat. »Und er ging hinaus und weinte bitterlich.« (Mt 26,75) Johann Sebastian Bach hat dieses Wort eindrücklich vertont. Und für den Solisten, der dieses Wort singt, ist es jedes Mal eine Herausforderung, den Schmerz des Petrus angemessen zum Ausdruck zu bringen.

Johannes schildert Petrus auf seine Weise. Als sich nach Jesu Brotrede viele Jünger von ihrem Meister abwenden, fragt Jesus die Zwölf: »Wollt auch ihr weggehen? Simon Petrus antwortete ihm: Herr, zu wem sollen wir gehen? Du hast Worte des ewigen Lebens. Wir sind zum Glauben gekommen und haben erkannt: Du bist der Heilige Gottes.« (Johannes 6,68f) Auch hier ist Petrus der Wortführer. Er steht zu Jesus. Er ist in der Nähe Jesu zum Glauben gekommen. Ihm wurden die Augen geöffnet, daß in diesem Jesus Gott selbst sich ausdrückt, und daß seine Worte wirklich zum Leben führen. In den Worten Jesu hat Petrus Leben erfahren. Wenn Jesus sprach, hat er sich lebendig gefühlt. Dazu möchte er stehen. Und dafür steht er vor den anderen Aposteln ein. Doch auch bei Johannes verrät Petrus Jesus in seiner Passion. Nach dem Tod Jesu beschreibt Johannes einige Szenen, in denen Petrus eine wichtige Rolle spielt, allerdings immer zusammen mit dem Jünger, den Jesus liebte. Die Exegeten meinen, Johannes wolle hier die Verbindung seiner Gemeinde, die auf den Lieblingsjünger zurückgehe, zur Großkirche aufzeigen, in der Petrus eine wichtige Rolle spielte. Mir geht es mehr um die Charakterisierung des Petrus.

Als Maria von Magdala das leere Grab entdeckt und es den Jüngern gemeldet hat, da beginnen Petrus und der Lieblingsjünger einen Wettlauf. Der Lieblingsjünger ist schneller als Petrus. Aber er läßt ihm den Vortritt. Petrus geht in das Grab hinein. Er sieht die Fakten: »Er sah die Leinenbinden liegen und das Schweißtuch, das auf dem Kopf Jesu gelegen hatte; es lag aber nicht bei den Leinenbinden, sondern zusammengebunden daneben an einer besonderen Stelle.« (Joh 20,6f) Petrus stellt fest, was er sieht. Aber er versteht nicht, was er sieht. Vom Lieblingsjünger dagegen heißt es: »Er sah und glaubte.« (Joh 20,8) Petrus ist hier der nüchterne Mann, der nur die Fakten feststellt, sie aber nicht zu deuten versteht. Und er ist der impulsive, doch zugleich auch schwerfällige Mann. Der Lieblingsjünger ist schneller als er.

Das wird auch deutlich in der Begegnung des Auferstandenen mit den Jüngern am See von Tiberias. Da ist Petrus wieder der Wortführer. Er sagt zu den anderen Jüngern: »Ich gehe fischen. Sie sagten zu ihm: Wir kommen auch mit.« (Joh 21,3) Petrus ist der aktive. Er nimmt das Leben in die Hand. Aber die Jünger fangen in der Nacht nichts. Wenn Petrus nur aus eigener Kraft heraus handelt, bleibt sein Wirken erfolglos. Als die Jünger auf den Befehl des Mannes am Ufer nochmals auf den See hinausfahren und sich das Netz mit Fischen füllt, da erkennt der Lieblingsjünger sofort: »Es ist der Herr.« (Joh 21,7) Er erkennt in diesem seltsamen Mann am Ufer den Auferstandenen. Die Reaktion des Petrus ist bezeichnend für sein impulsives Temperament: »Als Simon Petrus hörte, daß es der Herr sei, gürtete er sich das Obergewand um, weil er nackt war, und sprang in den See.« (Joh 21,7) Es ist ja nicht sehr sinnvoll, sich das Obergewand anzuziehen, um in den See zu springen. Doch offensichtlich traut sich Petrus nicht, nackt vor Jesus zu treten. Lieber erscheint er vor ihm im durchnäßten Gewand. Er kann noch nicht zu seiner Wahrheit stehen, zu seinem Verrat. Im nassen Gewand drückt er jedoch aus, daß sich in ihm etwas verwandelt hat, daß er in der

Passion Jesu eingetaucht wurde in das Bad der Läuterung. Und das nasse Obergewand weist darauf hin, daß die selbstsichere Rolle des Petrus aufgeweicht ist. Jesus nimmt den Petrus so, wie er ist. Er hält mit ihm und mit den Jüngern ein Mahl am Kohlenfeuer, das von einer eigenartigen Atmosphäre erfüllt ist: »Keiner von den Jüngern wagte ihn zu fragen: Wer bist du? Denn sie wußten, daß es der Herr war.« (Joh 21,12)

Nach dem Mahl fragt Jesus dreimal den Petrus: »Simon, Sohn des Johannes, liebst du mich mehr als diese?« Jedesmal beteuert Petrus seine Liebe: »Ja, Herr, du weißt, daß ich dich liebe.« Doch als Jesus zum dritten Mal fragte, »da wurde Petrus traurig, weil Jesus ihn zum drittenmal gefragt hatte: Hast du mich lieb? Er gab zur Antwort: Herr, du weißt alles; du weißt, daß ich dich lieb habe.« (Joh 21,15–17) Offensichtlich erinnert das dreimalige Fragen Jesu den Petrus an seinen dreimaligen Verrat. Da erkennt er, daß er nicht voller Selbstbewußtsein seine Liebe beteuern kann. Jetzt hält er Jesus seine ganze Wahrheit hin: »Herr, du weißt alles. Du weißt, wie feige ich war, wie ich dich verraten habe, nur um mich am Feuer meiner Gegner zu wärmen. Ich will mich nicht rechtfertigen. Denn da gibt es nichts zu beschönigen. Das war so. Ich habe dich verraten. Aber du weißt trotzdem, daß ich dich liebe, daß auf dem Grund meiner Seele, viel tiefer als die Feigheit, die oft genug mein Herz erfüllt, die Liebe zu dir verborgen liegt. Und ich möchte ganz und gar aus dieser Liebe heraus leben.« Petrus muß sich seiner Wahrheit stellen. Er läßt Jesus tief in sein Herz schauen. Es tut ihm weh, daß in seinem Herzen Feigheit und Verrat sind. Aber indem Petrus Jesus seine Wahrheit hinhält, hört er auf, sich zu entwerten. Er beschuldigt sich nicht, aber er entschuldigt sich auch nicht. Er macht sich nicht klein, aber er spielt sich auch nicht mehr groß auf, wie er das manchmal getan hat. Jetzt ist er, wie er ist: feige, aber doch auch voller Liebe, ängstlich, aber doch auch voller Vertrauen. Er hat Jesus verraten, aber er möchte doch auch treu sein. Er kann diese

Treue nicht mehr beschwören. Er weiß, wie schwach er ist, was in seinem Herzen verborgen liegt an egoistischen Motiven, wie er seine Freundschaft zu Jesus vermischt hat mit seinem eigenen Bedürfnis nach Größe. Aber er vertraut darauf, daß Jesus tiefer sieht, daß er hinter der Feigheit auf das Herz sieht, das sich nach Liebe und Treue sehnt, und mit dem er dem Meister in echter Liebe zugetan ist. Er kann mit dieser Liebe nicht mehr angeben. Doch er bekennt mit seiner Antwort, daß trotz des Verrates ein wenig in ihm ganz echt ist, daß auf dem Grund seines Herzens eine wahre und reine Liebe verborgen ist. Aus dieser Liebe heraus möchte er nun leben. Und Jesus vertraut ihm seine Gemeinde an: »Weide meine Schafe!« (Joh 21,16)

Petrus ist der Fels, auf den Jesus seine Kirche baut. Der Fels scheint brüchig zu sein. Doch in dieser Botschaft liegt auch etwas Tröstliches für uns. Wenn wir wie Petrus erkennen, wer dieser Jesus ist, dann werden wir auch zum Felsen für andere. Wir dürfen mitten in unserer Schwäche, in unserer Feigheit und in unserem Verrat für andere zum Felsen werden. Auf einem Felsen kann man stehen. Man hat festen Grund unter den Füßen. Manche Menschen geben einem so ein Fundament. Neben ihnen bekommen wir Mut, zu uns selbst zu stehen. In ihrer Nähe haben wir einen festen Stand. Da kann uns nichts so leicht erschüttern. An einen Felsen kann man sich auch anlehnen. Das ist auch ein Bedürfnis, das jeder von uns hat. Frauen sehnen sich nach Männern, an die sie sich anlehnen können. Und sie beklagen sich oft, daß ihr Mann ihnen keinen Halt gibt, daß sie da keinen Felsen spüren, sondern etwas Weiches, das immer nachgibt. Ein Fels gibt auch Schutz vor Unwetter. In seinem Schatten fühlt man sich sicher.

Für mich war mein Vater ein Fels, auf den ich mich verlassen konnte. Ich habe mich kaum leibhaft an ihn angelehnt. Aber er war mit seiner Ruhe wie ein Fels in der Brandung. Er ließ sich nicht so leicht aus der Ruhe bringen. Wenn wir uns über etwas aufregten, relativierte er es. Er hatte Stehvermögen und einen klaren Standpunkt. Seine Standfestigkeit ermöglichte es ihm aber auch, ab und zu zu geben und sich nicht auf seine Meinung zu verbeißen. Er sagte in Diskussionen klar seine Meinung. Aber er konnte auch unsere Meinung stehen lassen. Er gab mir Sicherheit. Der Fels steht einfach da. Er muß sich nicht ständig selbst behaupten. Aus dieser Sicherheit heraus schenkt er zugleich Gelassenheit und Ruhe. Die Erfahrung meines Vaters hat mich gelehrt, mich nie auf theologische Spitzfindigkeiten einzulassen. Wer Grund hat, braucht nicht viele Gründe, um sein Leben zu rechtfertigen. Er steht, weil er steht. Er ist, was er ist.

Später waren es ältere Mitbrüder, die mich in meiner Klosterjugend geprägt haben. Als sie gestorben waren, spürte ich, wie sie mir fehlten. Da entdeckte ich, daß ich jetzt selbst in ihre Fußstapfen treten sollte. Obwohl ich auch mit 58 Jahren noch das Bedürfnis habe, mich anzulehnen an alte und weise Männer, so spüre ich auch die Herausforderung, in mir zu stehen und für andere zum Felsen zu werden. Allerdings kann ich mich nicht als Fels anbieten. Es ist immer ein Wunder der Gnade, wenn ich in bestimmten Situationen für andere zum Felsen werde. Auch hier gilt: Ich darf mich nicht mit dem archetypischen Bild des Felsen identifizieren. Sonst blähe ich mich auf und werde zu einem wackligen Felsen, der nur einen scheinbaren Halt vermittelt. Nur wenn ich mich wie Petrus meiner eigenen Schwäche und meinen Schattenseiten stelle und sie demütig vor Gott halte, darf ich dann, wenn Gott es will, zum Felsen werden, der auch anderen Festigkeit verleiht.

In der Nähe eines Felsen können wir Schutz erfahren. Bei Unwetter zieht man sich im Gebirge in die Nähe eines Felsen zurück, der einen vor Regen, Sturm und Steinschlag schützen soll. Oder aber der Felsen wirft Schatten, wenn die Sonne einen sticht.

Das ist auch ein archetypisches Bild für uns. Jeder kann zum Felsen für andere werden, in dessen Nähe der andere ausruhen kann, um sich zu erholen, um Schutz und Geborgenheit und Sicherheit zu erfahren. Man kann sich nicht selbst zum Felsen machen. Petrus hat nach der Erfahrung seines Verrats sicher nicht das Bedürfnis gehabt, sich vor seinen Mitaposteln aufzuspielen und auf sich als den Felsen zu verweisen. Er durfte dankbar erleben, daß gerade er, der Jesus so feig verraten hat, dennoch zum Felsen werden durfte, auf dem andere einen festen Stand fanden, an den sie sich anlehnen und in dessen Schutz sie sich von Gott, dem wahren Felsen, geborgen fühlten.

Wie lerne ich an der Gestalt des Petrus, Mann zu werden? Für mich ist in der Begegnung mit Petrus wichtig, daß ich nicht perfekt sein muß. Es geht nicht um Fehlerlosigkeit, sondern um die Bereitschaft, mich mit meiner Leidenschaftlichkeit, aber auch mit meiner Feigheit und Angst auf den Weg einzulassen, den Gott mir zutraut. Die Evangelien stellen mir keinen langweiligen Petrus vor Augen, sondern einen impulsiven, der sofort anspringt, wenn er gefragt wird und wenn er sieht, daß sein Einsatz gefragt ist. Lieber verbrennt sich Petrus die Finger, als vorsichtig zu taktieren und zu überlegen, wie er sich möglichst ungeschoren aus der Affäre ziehen kann. Petrus zeigt sein Herz, seine Gefühle, auch wenn sie nicht mit der Sicht Jesu zusammengehen. Er lernt am Widerstand. Durch alle Höhen und Tiefen seines Lebens begegnet mir ein Mann, der sich nicht versteckt, dessen Herz aus allem, was er tut, heraus scheint. Dieses Herz kennt alle Abgründe, die ich auch in mir spüre: Sehnsucht, Liebe, aber auch Feigheit, Angst, Mißtrauen, Verrat. Mann werde ich nicht, wenn ich mich verstecke, sondern wenn ich mich so, wie ich bin, einbringe, auch mit der Gefahr, kritisiert zu werden, auch mit dem Risiko, einen öffentlichen Fehler zu begehen, über den sich alle Moralisten entrüsten können. Petrus geht das Risiko der Verwundung ein. Aber er kämpft für das, was er spürt.

Und das ist für mich ein wesentlicher Aspekt des Mannwerdens: sich zu zeigen, anstatt sich zu verstecken, sich die Finger zu verbrennen, anstatt die Hand zurückzuziehen, sein Herz zu öffnen, anstatt sich zu verschließen, um ungeschoren davonzukommen. Der Mann, der dem Leben ausweicht, wird zur Karikatur echter Männlichkeit. Er bleibt vielleicht cool und erfolgreich. Aber ein Mann wird er nie werden.

15. Paulus: Der Missionar

Von keinem Apostel malt uns Lukas ein klareres Bild als von Paulus. Und aus den Schriften des Paulus erkennen wir nicht nur seine Theologie, sondern auch seine Persönlichkeit. Paulus war in Tarsus aufgewachsen, einer Stadt mit griechischer Kultur und einer Ansammlung verschiedener Religionen. Paulus war in griechischer Philosophie und Rhetorik ausgebildet. Er konnte Griechisch, Hebräisch und Latein. Schon als Junge kam er nach Jerusalem zu Gamaliel, einem Pharisäer der gemäßigten Richtung. Es war vermutlich eine Art Internat, in der Paulus in der pharisäischen Lehre erzogen und unterrichtet wurde. Und Paulus war ein Eiferer für das Gesetz. Er sagt von sich selbst: »In der Treue zum jüdischen Gesetz übertraf ich die meisten Altersgenossen in meinem Volk, und mit dem größten Eifer setzte ich mich für die Überlieferungen meiner Väter ein.« (Galater 1,14) Psychologisch gesehen könnte man sagen: Paulus hatte eine zwanghafte Struktur. Er brauchte die klaren Normen, an denen er sich festhalten konnte. Vielleicht waren diese festen Prinzipien für ihn, der in einer multikulturellen Gesellschaft aufgewachsen war, wichtig, um nicht in der Beliebigkeit zu versinken. Doch dann begegnet der junge Saulus dem neuen Weg, den die Christen propagierten, allen voran Stephanus, der als Vertreter der hellenistischen Judenchristen auftritt. Stephanus predigte die Freiheit vom Gesetz. Er war faziniert von der Freiheit, die ihm in Jesus begegnet ist. Paulus verfolgte diese Richtung bis aufs Blut. Offensichtlich berührte etwas von dieser Lehre sein Herz. Sonst hätte er die frühe Kirche nicht so maßlos verfolgt. Doch dann tritt das Ereignis ein, das sein Leben völlig umgekrempelt hat.

Lukas erzählt uns die Geschichte von der Bekehrung des Paulus gleich dreimal. Einmal schildert er uns das Geschehen vor Damaskus. Und zweimal läßt er Paulus seine eigene Bekehrung erzählen, zuerst in einer Rede vor seinen jüdischen Glaubensgenossen (Apostelgeschichte 22,1–21) und dann in einer Rede vor König Agrippa und dem römischen Statthalter Festus (Apg 26). Lukas beschreibt, wie Saulus vor Damaskus von einem hellen Licht umstrahlt wird. »Er stürzte zu Boden und hörte, wie eine Stimme zu ihm sagte: Saul, Saul, warum verfolgst du mich?« (Apg 9,4) Als Saulus fragt, wer derjenige sei, der ihn so ansprach, antwortet ihm Jesus: »Ich bin Jesus, den du verfolgst.« (Apg 9,5) Als Saulus aufsteht und »die Augen öffnete, sah er nichts« (Apg 9,8). Er war blind geworden. Das ganze Lebensgebäude des Paulus fiel in sich zusammen. Er stürzte zu Boden. Und seine Sicht von Gott und von sich und seinem Leben verdunkelte sich. Ein Mönchsvater deutete diese Erfahrung so: »Als Paulus nichts sah, da sah er Gott.« Als ihm alle Gottesbilder genommen waren, war er offen, den wahren Gott zu sehen. In der Dunkelheit offenbarte sich ihm der Gott Jesu Christi. Paulus wird nun zum größten Apostel der frühen Kirche. Das, was er vorher verfolgt hatte, das verkündet er jetzt mit Leidenschaft. Er wird zum Apostel der Freiheit. Er hat erkannt, daß er sich selbst nicht gerecht machen kann, daß alles Einhalten von Geboten ihn nicht dem wahren Gott näher bringt. Das Geheimnis Gottes ist ihm in Jesus Chistus aufgegangen, der uns die Augen öffnet für die wahre Wirklichkeit, für das Licht Gottes, das uns in Christus erschienen ist. Doch Paulus bleibt auch nach seiner Bekehrung noch der Alte. Sein leidenschaftliches Temperament, seine rechthaberische und aggressive Seite, seine zwanghafte Struktur prägen auch den Bekehrten. Aber Paulus geht jetzt anders mit seiner Leidenschaftlichkeit um. Er benutzt sie nicht mehr, um Leben abzuwürgen, sondern um es hervorzulocken. Wie er vorher leidenschaftlich gegen die Christen gekämpft hat, so nun gegen alle, die das Evangelium verfälschen. Über seine

Gegner schreibt er voller Aggression an die Galater: »Diese Leute, die Unruhe bei euch stiften, sollen sich doch gleich entmannen lassen.« (Gal 5,12)

Paulus konnte sehr überzeugend schreiben, voller Kraft und Leidenschaft, aber auch klar und mit suggestiver Eindrücklichkeit. Doch im Auftreten war er offensichtlich eher schwach. Sein Name »Paulus« heißt ja »der Kleine«. Offensichtlich war Paulus klein von Gestalt, vielleicht auch etwas krumm. Und er hatte eine eigenartige Krankheit. Heinrich Schlier meint, Paulus sei Epileptiker gewesen. Denn er schreibt den Galatern von seiner Krankheit: »Ihr wißt, daß ich krank und schwach war, als ich euch zum erstenmal das Evangelium verkündigte; ihr aber habt auf meine Schwäche, die für euch eine Versuchung war, nicht mit Verachtung und Abscheu geantwortet, sondern mich wie einen Engel Gottes aufgenommen, wie Christus Jesus.« (Gal 4,13f) Wörtlich heißt es: Ihr habt vor mir nicht ausgespuckt. Ausspucken war aber ein Abwehrgestus gegen Geisteskrankheiten, gegen Wahnsinn und gegen Epilepsie. Es war dem Paulus offensichtlich peinlich, daß er von dieser Krankheit geplagt wurde. Vielleicht wurde diese Krankheit auch durch die Steinigung ausgelöst, die er erlitten hat, oder durch die vielen anderen Schläge, die er im Dienst der Verkündigung bekommen hat. Wie auch immer man die Krankheit des Paulus deuten mag, auf jeden Fall war der Apostel nach außen hin nicht der selbstsichere Mann, der über allem steht, sondern einer, der an sich selbst litt. Er bat Gott, daß er befreit werde von diesem Stachel der Krankheit. Paulus deutet seine Krankheit als Geschlagenwerden von einem Boten Satans. »Dreimal habe ich den Herrn angefleht, daß dieser Bote Satans von mir ablasse. Er aber antwortete mir: Meine Gnade genügt dir; denn sie erweist ihre Kraft in der Schwachheit.« (2 Korinther 12,8f)

Was Paulus in der Begegnung mit Jesus aufgegangen ist, das war die Erkenntnis, daß wir durch Jesus schon gerecht geworden sind und uns deshalb nicht mit dem Befolgen der vielen Gebote richtig machen müssen. Wir sind schon richtig. Wir sind schon bedingungslos angenommen und geliebt. Wir müssen uns nicht mehr beweisen. Das Kreuz Jesu war für Paulus ein Durchkreuztwerden seiner religiösen Maßstäbe und seines spirituellen Weges, bei dem er meinte, er müsse Gottes Liebe durch peinlich genaues Befolgen der Gebote erkaufen. Im Kreuz Jesu hat er die Freiheit gespürt, die ihm Jesus gebracht hat, die Freiheit von aller krampfhaften Anstrengung um ein richtiges Leben, die Freiheit von allem Aussein auf Anerkennung und Liebe. Das Kreuz ist die Erfahrung bedingungsloser Liebe. Wir sind von Gott angenommen, so wie wir sind. Das hat Paulus im Kreuz Jesu erkannt. Und deshalb kämpft er so leidenschaftlich für diese Einsicht. Denn sie hat sein Leben verwandelt. Sie hat ihn befreit von seiner Zwanghaftigkeit, von seiner Angst, nicht gut genug zu sein.

Paulus war aber nicht nur der Theologe unter den Aposteln, der die Botschaft Jesu in der Sprache der damaligen hellenistischen Kultur verkündete, so daß sie für weite Kreise des römischen Reiches verständlich und anziehend wurde. Paulus ist auch der Mystiker, der Jesus in sich selbst erfahren hat. »Ich bin mit Christus gekreuzigt worden; nicht mehr ich lebe, sondern Christus lebt in mir. Soweit ich aber jetzt noch in dieser Welt lebe, lebe ich im Glauben an den Sohn Gottes, der mich geliebt und sich für mich hingegeben hat.« (Gal 2,19f) Das Kreuz hat sein Selbstverständnis durchgestrichen, das von einer ständigen Suche geprägt war, vor Gott alles richtig zu machen. All das ist nicht mehr wichtig. Entscheidend ist, daß Jesus Christus ihn bedingungslos liebt. Im Kreuz ist dieses bedingungslose Angenommenwerden offenbar geworden. Jetzt kommt es darauf an, daß dieser Jesus in ihm selbst lebt. Paulus hat in Jesus eine neue Identität gefunden. Er definiert sich nicht mehr von den Menschen her, von ihrer Anerkennung und Zuwendung, sondern von Jesus. Ja, dieser Jesus ist in ihm. Er ist sein wahres Selbst geworden. Der Apostel erfährt Jesus als seine innerste Mitte. Er ist eins geworden mit Jesus.

Dieser Weg nach innen, bei allem äußeren Kampf, ist ein wunderbares Bild für die Selbstwerdung des Mannes. Paulus ist kein Mystiker, der sich von der Welt zurückzieht. Vielmehr geht er in diese Welt hinein. Paulus durchstreift die ganze Welt. Exegeten haben nachgerechnet, daß er etwa 16 000 Kilometer zu Fuß und per Schiff zurückgelegt hat. Er hat sich der Öffentlichkeit gestellt. Er hat gekämpft, die Auseinandersetzung gesucht. Er ist oft genug im Gefängnis gelandet oder wurde vertrieben. Das war kein ruhiges Leben. Er selbst schildert seine inneren und äußeren Gefährdungen: »Ich ertrug mehr Mühsal, war häufiger im Gefängnis, wurde mehr geschlagen, war oft in Todesgefahr. Fünfmal erhielt ich von Juden die neununddreißig Hiebe; dreimal wurde ich ausgepeitscht, einmal gesteinigt, dreimal erlitt ich Schiffbruch, eine Nacht und einen Tag trieb ich auf hoher See. Ich war oft auf Reisen, gefährdet durch Flüsse, gefährdet durch Räuber, gefährdet durch das eigene Volk, gefährdet durch Heiden, gefährdet in der Stadt, gefährdet in der Wüste, gefährdet auf dem Meer, gefährdet durch falsche Brüder.« (2 Kor 11,23–26) Paulus hat Kampf und Kontemplation, Mystik und Politik miteinander verbunden. Er hat sich mannhaft den Gefahren gestellt, die ihm bei seinem Einsatz für die junge Kirche begegneten. Er hat sich ohne Angst in Situationen hineinbegeben, die tödlich ausgehen konnten. Und doch war er bei allem Tun in seiner Mitte, war er immer in Berührung mit dem ›Christus in ihm‹. Dieser Christus war die eigentliche Triebfeder seines Lebens. Er war in seinem Herzen. Aus dieser Mitte heraus ging er nach außen. Aus dieser inneren Quelle hat er geschöpft.

Paulus ist der typische Missionar, der von einem großen Sendungsbewußtsein getrieben die ganze damalige Welt durchreist und sich dabei vielen Gefährdungen aussetzt. Missionare sind Menschen, die sich gesandt fühlen. Sie entwickeln oft eine große Überzeugungskraft, um andere von der Botschaft zu überzeugen, die ihr Leben prägt. Und sie scheuen keine Gefahren, um ihre Sendung zu erfüllen. Sie scheinen manchmal eine schier unendliche Kraftquelle in sich zu haben. Aber auch dieser Archetyp hat seine Gefahren in sich. Wenn einer zu mir mit einem missionarischen Sendungsbewußtsein spricht, dann fühle ich mich oft bedrängt. Ich kenne Menschen, die meinen, sie müßten die ganze Welt bekehren. Doch wenn ich sie genauer anschaue, habe ich den Eindruck, daß sie ohne ihren missionarischen Impetus nichts sind. Sie ruhen nicht in sich. Sie definieren sich nur durch ihre missionarische Sendung. Ich merke, wie sie mir oft auf die Nerven gehen. Und ich habe den Eindruck, sie überspringen ihre eigene Unsicherheit und ihre Glaubenszweifel dadurch, daß sie andere zu ihrem Glauben zu bekehren versuchen. Hinter ihrem missionarischen Eifer versteckt sich oft die Angst, der eigene Glaube könnte eine Fata Morgana sein. Um dieser Angst auszuweichen, müssen sie jeden, der ihnen in den Weg tritt, von ihrem eigenen Weg überzeugen. Der »typische Missionar« läßt meine Meinung nicht gelten. Er fühlt sich gedrängt, mir lang und breit zu erklären, wie ich glauben und welcher Bewegung ich mich anschließen müsse, welche Meditationsmethode ich unbedingt praktizieren, und wie ich mich ernähren solle. Sonst würde alles schieflaufen. Solche Missionare hinterlassen oft ein schlechtes Gewissen, wenn ich mich ihrer Botschaft verschließe. Es ist gar nicht so einfach, sich von ihnen abzugrenzen und dem eigenen Gefühl zu trauen.

Bei aller Gefährdung dieses Archetyps gehört das Missionarische doch wesentlich zu uns und gerade auch zum Mann. Männer brauchen eine Sendung für ihr Leben. Sie sind nicht nur dazu da, sich wohl zu fühlen und ständig ihre Gefühle zu beobachten, ob sie auch stimmig sind, und ob sie auch achtsam mit sich umgehen. Manche spirituellen Wege, die heute propagiert werden, haben auch etwas Narzißtisches an sich. Sie kreisen immer nur um sich selbst. Das Missionarische will uns zeigen: Du hast mit deinem Leben eine Sendung. Du sollst die Menschen nicht bedrängen mit einer Botschaft. Deine Sendung besteht nicht nur in Worten, von denen du andere überzeugen sollst. Deine Sendung besteht darin, daß du deine urpersönliche Spur in diese Welt eingräbst: Werde dir bewußt, daß du eine Ausstrahlung hast, die nur von dir ausgeht. Wenn du deine Sendung lebst, dann wird dein Leben fruchtbar. Du wirst dich lebendig fühlen, weil das Leben in dir strömt. Das Leben bleibt nur lebendig, wenn es fließt. Die Sendung gehört wesentlich zu dir. Gerade Männer haben einen Sinn dafür. Sie werden oft von einem missionarischen Sendungsbewußtsein angetrieben. Wenn sie sich im Spiegel des großen Missionars Paulus sehen, dann werden sie frei von den Gefahren des missionarischen Archetyps und offen für die Sendung, die Gott ihnen zugedacht hat, durch die ihr Leben fruchtbar und zu einer Quelle des Segens werden kann für andere.

Mannwerden an der Gestalt des hl. Paulus das heißt für mich in erster Linie, in Berührung kommen mit meiner eigenen Sendung. Das Faszinierende an Paulus ist für mich, daß er nach außen nicht der typische Mann ist. Er war klein, bucklig, krank. Er erfüllt nicht das einseitige Männerbild vom Mann mit dem ›schönen Body‹. Mit seiner äußeren Gestalt macht er keinen besonderen Eindruck. Aber es war eine unwahrscheinliche Kraft und Zähigkeit in ihm. Vielleicht würden ihm manche Psychologen heute neurotische Strukturmuster bescheinigen wie übertriebene Empfindlichkeit oder Zwanghaftigkeit. Aber auch davon hat Paulus sich nicht abhalten lassen, seinen Auftrag zu erfüllen. Er hat an sich gelitten. Aber er ist nicht in Selbstmitleid zerflossen. Er hat sich angenommen, wie er war. Er hat nicht irgendein Ideal erfüllt, weder das Ideal des typischen Managers noch das des typischen Missionars. Er hat mit seiner Person, so wie sie war, mit all den nach außen hin wenig anziehenden Seiten, seine Sendung erfüllt. Er hat seine Haut zu Markt getragen. Er hat sich gezeigt, wie er ist, auch mit seiner Krankheit, auch mit seinen psychischen Defekten. Und gerade so hat er das Äußerste aus sich herausgeholt. Er hat mehr geleistet als alle anderen Apostel, von denen ihm die meisten wohl an körperlicher Männlichkeit überlegen waren.

Paulus hat seine körperliche Schwäche in geistige Kraft verwandelt. Es geht eine Leidenschaft und Kraft von ihm aus, der sich kaum einer entziehen kann. Das war damals so. Das ist heute nach fast zweitausend Jahren immer noch so. An Paulus scheiden sich die Geister. Die einen sind fasziniert von ihm. Andere stoßen sich an ihm. Paulus hat seine eigene Lebensgeschichte für andere fruchtbar werden lassen. Er hat sich bekehrt. Er ist umgekehrt, als er merkte, daß er sich in seinem Fanatismus verrannt hatte. Er hat sein ganzes Lebensgebäude einstürzen lassen, um von ganz unten neu anzufangen. Aber er hat auch an die Kraft geglaubt, die Gott ihm geschenkt hat. Er war von ungeheurer Zähigkeit. Halb totgeschlagen stand er wieder auf und setzte seinen Weg fort. Er ließ sich weder von Gefängnis noch von Steinen oder Schlägen davon abhalten, seinen Weg der Verkündigung zu verfolgen. Und so kann dieser Mann, der von vielen Weisen lächerlich gemacht wurde, auf einen Erfolg zurückblicken, den all die Weisen nicht verbuchen können. Denn Paulus hat sich mit allem, was er war, auf den Ruf eingelassen, den er in sich spürte.

Das heißt für mich Mannwerden: nicht irgendein Ideal von Männlichkeit verwirklichen, sondern mich so, wie ich bin, mit allem, was Gott mir geschenkt hat, dem Ruf zu stellen, den ich in mir höre, bis an die Grenze zu gehen, um zu entdecken, wie viel Kraft in mir steckt. Ich erlebe heute immer wieder Männer, die Angst haben, daß sie zu viel nach außen tun. Vor lauter Sichabgrenzen kommen sie gar nicht in die Gänge. Sie entdecken nicht, wie viel Kraft in ihnen steckt. Paulus zeigt mir einen anderen Weg. Wenn ich an die Grenze gehe, hält Gott seine Hand über mich. Er ist die Quelle, aus der ich schöpfen kann. Ich darf nicht zu klein von Gott denken. Dann denke ich auch nicht von mir selbst zu gering. Ich weiß um meine Schwächen und Grenzen. Das hat Paulus sehr schmerzlich an sich erfahren. Aber ich kreise nicht um meine Schwächen, sondern gehe mit Gott an die Grenze, an die er mich führt und die viel weiter weg liegt, als viele sich einbilden.

Paulus bietet auch den Männern eine Identifikationsmöglichkeit, die dem heutigen Männlichkeitsideal nicht entsprechen. Es kommt nicht darauf an, körperlich gesund und kraftvoll zu sein. Männer, die nach außen hin unscheinbar sind, können manchmal mehr Energie entwickeln als die gesunden. Das haben zahlreiche Wissenschaftler bewiesen, die sich durch nichts davon abhalten ließen, ihre Ziele zu verfolgen.

Paulus war Single. Ich kenne viele Singles, die gut mit ihrem Alleinsein zuechtkommen. Aber ich kenne auch Singles, die an ihrer Einsamkeit leiden. Sie sehnen sich eigentlich nach einer Frau. Aber sie trauen sich nicht, auf Frauen zuzugehen, weil sie Angst haben, vor ihnen als Versager dazustehen. Sie haben sich noch nicht mit ihrem Körper ausgesöhnt. Weil sie ihren Körper nicht lieben, können sie auch nicht glauben, daß eine Frau sie lieben würde. So ziehen sie sich immer mehr in sich zurück. Paulus war kontaktfreudig. Er ist auf Menschen zugegangen. Die beiden Pole von Kämpfen und Lieben hat er auch als Single gelebt. Er hat für die Freiheit gekämpft, die Christus uns gebracht hat. Er hat seine Gemeinden geliebt. Und er hat Christus geliebt.

Wenn er von seiner Beziehung zu Christus spricht, bekommt seine Sprache eine erotische Färbung. Man spürt, daß Paulus kein halber Mann war, sondern so wie er war, für die Menschen gekämpft hat, zu denen er sich als Missionar gesandt fühlte. Weil er die Menschen geliebt hat, weil er ihnen die Botschaft verkünden wollte, die sie zum wahren Leben und in die wahre Freiheit führt, hat er sich mit aller Leidenschaft für sie eingesetzt und in seinem Kampf mehr erreicht als Männer, die nach außen hin bessere Voraussetzungen mitbrachten.

16. Johannes der Täufer: Der wilde Mann

Johannes der Täufer entspricht dem Archetyp des wilden Mannes. Schon sein Auftreten hat manchem Schrecken eingejagt. Markus schildert ihn so: »Johannes trug ein Gewand aus Kamelhaaren und einen ledernen Gürtel um seine Hüften, und er lebte von Heuschrecken und wildem Honig.« (Markus 1,6) Er hat alle Kultur hinter sich gelassen und lebt wie die Beduinen in der Wüste. Der lederne Gürtel erinnert an den Propheten Elija, der ähnlich bekleidet war. Er lebt in der Wüste, nicht nur unter den wilden Tieren, sondern angetan mit einem Kleid aus Kamelhaaren. In manchen Handschriften heißt es sogar, daß sein Kleid aus Kamelhaut war. Das würde die jüdischen Reinheitsvorschriften verletzen. Aber dieser Johannes ist ausgestiegen aus dem Kreis derer, die sich an die äußeren Gesetze halten, die die Kultur des Landes repräsentieren. Und die Kamelhaut zeigt, daß er das Tierische in sich integriert hat, die Vitalität, die Sexualität, die Triebkraft der Tiere. Johannes ist der wilde Mann, der Zugang hat zu allem Wilden in sich und um sich herum. Das Wilde dient ihm als Kraftquelle, um seine Botschaft von Gott den Menschen zu verkünden und um die Menschen zur Umkehr aufzurufen.

Seine Predigt paßt zu seinem Auftreten. Sie ist rau, ohne Rücksicht auf die Empfindlichkeiten seiner Zuhörer. Die in der Bevölkerung hochgeachteten Pharisäer fährt er an: »Ihr Schlangenbrut, wer hat euch denn gelehrt, daß ihr dem kommenden Gericht entrinnen könnt? Bringt Frucht hervor, die eure Umkehr zeigt, und meint nicht, ihr könntet sagen: Wir haben Abraham zum Vater.« (Matthäus 3,7f) Johannes muß sich bei keinem beliebt machen. Er sagt das, was er in sich spürt. Er tritt auf, ohne sich von Menschen abhängig zu machen. Er weiß sich im Dienst Gottes. Er ist innerlich frei. Seine Freiheit führt ihn dazu, auch den König Herodes anzugreifen und ihm Vorwürfe zu machen, weil er Herodias, die Frau seines Bruders Philippus, geheiratet hatte. Herodes läßt ihn deshalb ins Gefängnis werfen. Seine Frau will ihn am liebsten töten. Doch »Herodes fürchtete sich vor Johannes, weil er wußte, daß dieser ein gerechter und heiliger Mann war. Darum schützte er ihn. Sooft er mit ihm sprach, wurde er unruhig und ratlos, und doch hörte er ihm gern zu.« (Mk 6,20) Der mächtige König hat Angst vor dem wilden Mann. Aber zugleich fühlt er sich von ihm angezogen. Er spürt, daß in diesem Menschen eine innere Kraft und Freiheit ist, die er bei sich selbst vermißt. Und er weiß, daß Johannes ein gerechter und heiliger Mann ist. Er ist in sich richtig, aufrecht, ohne Angst vor Menschen. Er läßt sich nicht verbiegen. Und er ist heilig, das heißt er ist unverfügbar, er ist herausgenommen aus dem Kreis der anderen Menschen. Man kann nicht über ihn herrschen. Denn er hat in sich eine andere Kraft, eine heilige Kraft. Herodes redet gerne mit Johannes und zugleich wird er dabei »unruhig und ratlos«. Er spürt in ihm etwas Echtes und Authentisches. Und er hat eine Ahnung davon, daß ihm guttun würde, wenn er sich auf diesen wilden Mann einlassen würde. Aber zugleich hat er Angst davor, sein Leben zu ändern, von seinem Königsthron herabzusteigen und sich der eigenen Wahrheit zu stellen. Doch der wilde Mann läßt sich nicht einschüchtern. Er zwingt jeden, sich mit seinem eigenen Herzen zu befassen, das Wilde und Ungebändigte darin zu erkennen, aber auch die Kraft und die Klarheit.

Jesus spricht im Matthäusevangelium über Johannes, der zu ihm Boten gesandt hat, um ihn zu fragen, ob er wirklich der ist, auf den die Frommen Israels gewartet haben: »Was habt ihr denn sehen wollen, als ihr in die Wüste hinausgegangen seid? Ein Schilfrohr, das im Wind schwankt? Oder was habt ihr sehen wollen, als ihr hinausgegangen seid? Einen Mann in feiner Kleidung? Leute, die fein gekleidet sind, findet man in den Palästen der Könige. Oder wozu seid ihr hinausgegangen? Um einen Propheten zu sehen? Ja, ich sage euch: Ihr habt sogar mehr gesehen als einen Propheten: Er ist der, von dem es in der Schrift heißt: Ich sende meinen Boten vor dir her; er soll den Weg für dich bahnen. Amen, das sage ich euch: Unter allen Menschen hat es keinen größeren gegeben als Johannes den Täufer.« (Mt 11,7–11) Es ist eine gute Charakteristik, die Jesus hier von Johannes entwirft. Er schwankt nicht wie ein Schilfrohr, sondern steht zu sich. Er richtet sich nicht nach der Meinung der Menschen. Er ist kein Wendehals, der sich nach dem Wind dreht. Er gibt nichts auf seine Kleidung. Hier hat Jesus als Gegensatz sicher Herodes im Blick, der sehr viel Wert darauf legte, in feinsten Kleidern aufzutreten. Herodes ist das Gegenbild des wilden Mannes. Einerseits lebt er in ungeheurem Luxus, ist er verweichlicht. Gleichzeitig aber ist er sehr grausam – so läßt er alle seine Gegner heimtückisch ermorden. Und dieser scheinbar so mächtige Mann ist in Wirklichkeit abhängig von Frauen. Das zeigt die Szene, in der er Salome die Hälfte seines Reiches verspricht. Er läßt sich von Salome und deren Mutter zum Mord an Johannes treiben und übergeht dabei die Stimme seines eigenen Herzens. Johannes ist klar und eindeutig, nach außen wild und kraftvoll, aber zugleich mit einem milden und guten Herzen. Er verletzt die Menschen nicht, sondern richtet sie auf. Johannes hat vor niemandem Angst. Er sagt das, was er denkt.

Johannes braucht auf sein Äußeres keinen Wert zu legen, weil er in sich stimmig ist. Er braucht keine Maske. Er ist, wie er ist. Und dann beschreibt Jesus die Aufgabe des Johannes: Er soll ihm den Weg bereiten. Das ist die geschichtliche Aufgabe in Beziehung zu Jesus. Es ist aber auch eine psychologische Aufgabe, die immer gilt. Der wilde Mann bahnt dem wahren Selbst in uns den Weg. Er befreit uns von allen Rollen und Masken, mit denen wir unser wahres Selbst verstellen. Er wirft die Fassaden ein, die wir aufgebaut haben, um nach außen hin gut aufzutreten. Alles Äußere zerbricht er, damit wir den Weg nach innen finden, zu unserem unverfälschten Kern, zu unserem Selbst, zum ›Christus in uns‹.

Johannes verkörpert den wilden Mann, von dem Richard Rohr in seinen Männerreden immer wieder spricht und den Robert Bly in seiner Deutung des Märchens vom Eisenhans beschrieben hat. Der Eisenhans lebt nicht in der Wüste, sondern in einem Sumpf. Und er verschlingt jeden, der sich an den Rand des Sumpfes wagt. Doch in diesem scheinbar zerstörerischen Eisenhans ist eine starke Kraft, die dem Leben dient. Der Eisenhans bringt den Jungen dazu, aus dem Bannkreis seiner Mutter auszubrechen und sich auf das eigene Leben einzulassen. Der Junge geht mit dem Eisenhans in den Wald. Als er die Aufgabe nicht erfüllen kann, die ihm Eisenhans stellt, schickt der wilde Mann den Jungen in die Welt. Er kommt in ein Schloß und verdingt sich dort zuerst als Küchenjunge und dann als Gärtner. Als der König in den Krieg zieht, ruft der Junge den Eisenhans zu Hilfe. Der gibt ihm ein wildes Pferd und eine eiserne Reiterschar, die die Feinde besiegen. Der Junge wird von Eisenhans eingeführt in die Männlichkeit. Zuerst wird er Krieger, dann Liebhaber. Das wird in dem Spiel deutlich, das die Tochter veranstaltet. Wer ihren goldenen Apfel fängt, der soll ihr Gemahl sein. Der Junge fängt den Ball und heiratet die Königstochter. Seine Eltern kommen zum Fest. Mitten in die Hochzeitsgesellschaft bricht der Eisenhans ein, aber nun als reicher König. Weil der Junge seine Aufgabe des Mannwerdens erfüllt hat, ist Eisenhans von seiner Wildheit erlöst.

Für Robert Bly beschreibt das Märchen die Initiation in das Mannwerden. Diese Initiation durchläuft normalerweise fünf Stufen: 1. Die Trennung von der Mutter. 2. Die Bindung an den Vater und schließlich die Trennung von ihm. 3. Ein Mentor, der dem Jungen Zugang zu seiner eigenen Größe und zu seinen Fähigkeiten verschafft. 4. Lehrzeit, in der der Junge aus der Energiequelle eines archetypischen Bildes trinkt. 5. Die Hochzeit mit der Königin. Der wilde Mann befreit den Jungen von der Mutter und vom Vater. Er zeigt ihm den Weg zu seinen eigenen Möglichkeiten. Er ist wie eine Kraftquelle, aus der er trinken kann. Und er führt ihn ein in die Kunst wahrer Liebe und in die Einigung mit der Frau, mit der anima. Nur wenn der wilde Mann nicht stecken bleibt in seiner Aggressivität, sondern fähig wird für die Liebe, wird er wirklich zum Mann. Der wilde Mann steht nicht am Ende der männlichen Selbstwerdung. Er ist ein wichtiger Durchgang, ein Mentor, der den Jungen einführt in die Kunst des Mannwerdens. Er ist ein Archetyp, den der Mann nicht überspringen darf, will er wirklich Mann werden. Der wilde Mann führt den Jungen ein in die Kunst des Lebens und in die Kunst des Liebens. Am Ende des Märchens erscheint er nicht mehr in seiner Wildheit, sondern als schöner König, der teilnimmt an der Hochzeit des jungen Königssohnes.

An Johannes dem Täufer kann der Mann lernen, das Wilde und Sperrige, das Unangepaßte und von den Mächtigen Unerwünschte in sich zuzulassen. Johannes hat ein Gespür für das Wesentliche. Er kämpft dafür, ob gelegen oder ungelegen. Er traut seiner inneren Stimme mehr als den Stimmen, die ihn von außen überstimmen und ihn in das Korsett der Wohlanständigkeit zwingen möchten. Er stellt sich den Gefahren. Er verkörpert einen wesentlichen Aspekt männlicher Spiritualität. Denn von ihm geht Kraft aus. Die männliche Energie Johannes des Täufers könnte Männern helfen, ihre eigene Identität zu finden. Männer sind von Johannes angesprochen. Da wird eine Saite in ihrer Seele angerührt, die wilde und kräftige Saite, aber auch die Sehnsucht nach Freiheit, die Sehnsucht, endlich auszubrechen aus den Erwartungen der Umgebung und das zu tun, wozu die Seele einen antreibt. Aber Johannes bleibt der Vorläufer, der das Kommen des Messias verkündet. Johannes weist über sich hinaus nach dem integrierten Mann, nach dem Gesalbten, der unsere Sehnsucht nach dem ganzen Mann erfüllt.

17. Johannes: Der Freund und weise Alte

Die Synoptiker schildern uns Johannes als den Bruder des Jakobus und Sohn des Zebedäus. Beide werden Donnersöhne genannt. Sie können offensichtlich sehr aggressiv auftreten und sie sind auch nicht bescheiden, wenn es um die ersten Plätze im Reich Jesu geht: »Laß in deinem Reich einen von uns rechts und den anderen links neben dir sitzen.« (Markus 10,37) Die anderen Jünger ärgern sich über die beiden, die für sich die ersten Plätze beanspruchen. Jesus stellt sie vor die Frage: »Könnt ihr den Kelch trinken, den ich trinke, oder die Taufe auf euch nehmen, mit der ich getauft werde? Sie antworteten: Wir können es.« (Mk 10,38) Sie sind also selbstbewußt. Sie trauen sich zu, daß sie den gleichen Leidensweg wie Jesus gehen und vor dem Tod nicht zurückscheuen.

Das Johannesevangelium, das nach altkirchlicher Tradition auf Johannes, den Sohn des Zebedäus, zurückgeht, erzählt uns von dem Jünger, den Jesus liebte. Es sagt zwar nicht, wie dieser Lieblingsjünger Jesu mit Namen heißt, aber die Tradition hat ihn mit Johannes gleichgesetzt. Auch wenn das umstritten ist, übernehme ich hier im Einklang mit der spirituellen Tradition Johannes als den Lieblingsjünger. Zumindest ist dieser Lieblingsjünger offensichtlich der Gewährsmann, auf den das Johannesevangelium zurückgeht. Und so kann man aus dem Evangelium und aus den Johannesbriefen schließen, wie dieser Jünger dachte und fühlte. Er ist nicht nur der Jünger, den Jesus liebte. Er schreibt auch immer wieder über die Liebe.

Die Exegeten meinen, der Lieblingsjünger sei einer der beiden Jünger, die Jesus als erste beruft. Johannes der Täufer hat sie auf Jesus hingewiesen. Jesus fragt die beiden: »Was wollt ihr? Sie sagten zu ihm: Rabbi – das heißt übersetzt: Meister –, wo wohnst du? Er antwortete: Kommt und seht! Da gingen sie mit und sahen, wo er wohnte, und blieben jenen Tag bei ihm; es war um die zehnte Stunde.« (Johannes 1,38f) Alle Worte dieser Berufungsgeschichte sind geheimnisvoll. Es geht den beiden Jüngern nicht nur um die äußere Wohnung Jesu, sondern um sein wahres Zuhause. Und das ist der Vater. Die Fragen: »Woher kommst du, wo wohnst du, wo bist du zu Hause, wer bist du?« sind zentral für das Johannesevangelium. Ohne diese Fragen zu beantworten, gelangt niemand zu seinem wahren Selbst. Jesus fordert die Jünger auf: »Kommt und seht!« Er will sie das wahre Sehen lehren. Sie sollen hinter die Dinge schauen. Sie sollen das Eigentliche sehen, das Wesen der Dinge. Dazu müssen sie alles verlassen, was sie bisher festhält. Sie müssen sich selbst verlassen und zu ihm kommen. Indem sie sehen, wo er wohnt, woher er kommt, schauen sie nicht nur das Wesen Jesu, sondern das Geheimnis des Menschen und das Geheimnis Gottes. Indem sie Jesus anschauen, erblicken sie sein Wesen, daß er von Gott kommt und bei Gott daheim ist. Und sie erkennen in Jesus, wer sie selbst sind, daß sie selbst einen göttlichen Ursprung haben. Die Jünger bleiben bei ihm. Es ist um die zehnte Stunde. Zehn ist die Zahl der Ganzwerdung. Indem sie bei Jesus bleiben, kommen sie zu sich selbst, wird das Vielerlei in ihnen zusammengefügt, und sie kommen in Einklang mit ihrem wahren Wesen. Der Lieblingsjünger wird im ganzen Evangelium als der geschildert, der »sieht«, der tiefer schaut, der das Geheimnis Jesu erkennt.

Eine wichtige Rolle spielt der Lieblingsjünger bei der Passion und bei der Auferstehung Jesu. Beim letzten Mahl heißt es von ihm: »Einer von den Jüngern lag an der Seite Jesu; es war der, den Jesus liebte.« (Joh 13,23) Jesus hatte davon gesprochen, daß ihn einer verraten werde. Das macht seine Jünger ratlos. Daher nickt Petrus dem Lieblingsjünger zu, »er solle fragen, von wem Jesus spreche. Da lehnte sich dieser zurück an die Brust Jesu und fragte ihn: Herr, wer ist es?« (Joh 13,24f) Diese Szene hat im Mittelalter viele Künstler zur sogenannten »Johannesminne« inspiriert. Johannes wird dargestellt, wie er an der Brust Jesu ruht, oder wie er seinen Kopf in den Schoß Jesu legt. Es ist ein Bild inniger Liebe zwischen den beiden, ein Bild intimer Freundschaft zwischen zwei Männern. Einer ruht sich beim anderen aus. Jesus hat oft seine Hand zärtlich auf den Kopf des Johannes gelegt. Für Männer ist es immer schwierig, ihre Gefühle zu zeigen. Das Bild der Johannesminne hat viele dazu ermutigt, ihre freundschaftlichen Gefühle auch zum Ausdruck zu bringen und dazu zu stehen. Im Mittelalter war die Johannesminne ein Thema der Mystik. Heute können diese Bilder Männern Mut machen, ihre Liebe zu einem anderen Mann dankbar anzunehmen und sie als einen Ort zu erfahren, an dem Gottes Liebe sie berührt.

Unter dem Kreuz steht Johannes neben Maria, der Mutter Jesu. »Als Jesus seine Mutter sah und bei ihr den Jünger, den er liebte, sagte er zu seiner Mutter: Frau, siehe, dein Sohn! Dann sagte er zu dem Jünger: Siehe, deine Mutter! Und von jener Stunde an nahm sie der Jünger zu sich.« (Joh 19,26f) Die Exegeten haben für diese Szene die verschiedensten Auslegungen entwickelt. Die meisten sind sich einig, daß es eine symbolische Szene sei. Denn das Johannesevangelium schildert am Anfang des Wirkens Jesu die Hochzeit zu Kana. Die Menschwerdung Gottes in Jesus bedeutet, daß Gott mit dem Menschen Hochzeit feiert und dadurch unser Leben verwandelt. Unser schal gewordenes Wasser wird in Wein verwandelt. Es bekommt einen neuen Geschmack. Das Kreuz ist für Johannes Vollendung der Hochzeit. Das griechische Wort »telos«, das Johannes immer wieder bei der Schilderung des Kreuzes verwendet, heißt nicht nur »Vollendung, Ziel, Erfüllung«, sondern auch »Hochzeit«. Unter dem Kreuz wird die Hochzeit zwischen Gott und Mensch vollendet, weil Jesus alles Menschliche, bis in den Tod hinein, mit göttlichem Leben und göttlicher Liebe erfüllt und so in die Einheit mit Gott hineingehoben hat. Und unter dem Kreuz feiert auch der Mensch Hochzeit mit all dem, was bisher in ihm getrennt war. Mann und Frau, animus und anima werden unter dem Kreuz eins miteinander. Der Mann wird ganz, vollendet, erfüllt. Er feiert Hochzeit mit seiner anima. Johannes nimmt Maria in »das Eigene« auf (eis ta idia). Sie wird ihm zu eigen, sie wird sein eigen, sie wird eins mit ihm. Die Frauenszenen sind im Johannesevangelium immer Szenen der Liebe. Maria ist die Quelle der Liebe. Johannes soll in Maria die Liebe aufnehmen in sein Haus, in das Innerste seines Herzens. Der Mann wird erst fähig zu wahrer Liebe, wenn er mit der anima, der Quelle seiner Liebesfähigkeit, in Berührung kommt.

Der Lieblingsjünger spielt auch bei der Auferstehung Jesu eine wichtige Rolle. Da ist einmal der österliche Wettlauf zwischen Petrus und Johannes. Maria von Magdala hatte den Jüngern verkündet, daß man den Herrn aus dem Grab weggenommen habe. Der Lieblingsjünger ist schneller als Petrus. Aber am Grab läßt er dem Petrus den Vorrang. Während Petrus nur sieht, was ist, ohne es zu verstehen, heißt es von Johannes: »Da ging auch der andere Jünger, der zuerst an das Grab gekommen war, hinein; er sah und glaubte.« (Joh 20,8) Glauben heißt hier: das Eigentliche sehen, auf den Grund sehen, das Geheimnis schauen. Die Begegnung von Maria Magdalena mit dem Auferstandenen ist eine Liebesgeschichte. Johannes hat sie bewußt auf dem Hintergrund des Hohenliedes beschrieben. In dieser Liebesgeschichte spielt der Lieblingsjünger eine wichtige Rolle. Er sieht und glaubt. Er versteht, was Auferstehung bedeutet: den Sieg der Liebe über den Tod.

Und auch im sogenannten »Nachtragskapitel« spielt der Lieblingsjünger eine wichtige Rolle. Er ist bei den sieben Jüngern, die auf den Impuls des Petrus hin die ganze Nacht fischen. Als sie dann auf Geheiß des Mannes, der am Ufer steht, das Netz nochmals auswerfen und es kaum wieder einholen können, weil es so voll ist, da ist es wieder der Lieblingsjünger, der sieht und glaubt: »Da sagte der Jünger, den Jesus liebte, zu Petrus: Es ist der Herr!« (Joh 21,7) Johannes erkennt die Situation. Er, der voller Liebe ist, erkennt den, der die Liebe ist: Jesus, den Auferstandenen. In der letzten Szene des Evangeliums geht es nochmals um Petrus und den Lieblingsjünger. Petrus fragt Jesus nach dem Weg und Schicksal des Lieblingsjüngers. Jesus antwortet ihm: »Wenn ich will, daß er bleibt, solange ich komme, was geht das dich an?« (Joh 21,22) Üblicherweise wird hier übersetzt: »daß er bis zu meinem Kommen bleibt«. Aber eigentlich heißt »heos erchomai« korrekterweise: »solange ich komme«. Mit diesem Satz will Jesus die Weise der Nachfolge des Lieblingsjüngers beschreiben. Er ist der, der einfach bleibt, solange Christus auf mystische Weise zu ihm kommt. Der Lieblingsjünger folgt Jesus auf andere Weise nach als Petrus, der durch sein Tun die Welt verändert. Johannes ist derjenige, der in jedem Augenblick offen ist für Christus, der zu ihm kommt, um bei ihm zu wohnen. Der Jünger, den Jesus liebt und der selbst voller Liebe ist, braucht nicht viel nach außen zu tun. Er verändert die Welt als Mystiker, als einer, der Gott in sein Herz einziehen läßt und der Liebe in sich Raum gibt. Er, der an der Brust Jesu ruhte, lebt nun auch nach seinem Tod als einer, der sein Herz für ihn offen hält, damit er jeden Augenblick darin einziehe und Wohnung nehme. Er lebt in der Einheit mit dem, den er liebt. Das gibt seinem Dasein einen eigenen Geschmack, den Geschmack der Liebe und Zärtlichkeit, der Achtsamkeit und Behutsamkeit.

Männer lernen an Johannes, dem Lieblingsjünger, das Geheimnis der Freundschaft. Freundschaft ist wohl eines der köstlichsten Güter, das Männer auf dem Weg ihres Mannwerdens erfahren dürfen. Seit jeher haben Männer das Lob der Freundschaft gesungen. Das Johannesevangelium ist eines der schönsten Zeugnisse für das Geheimnis der Freundschaft. Jesus sagt beim Abschied von seinen Jüngern: »Es gibt keine größere Liebe, als wenn einer sein Leben für seine Freunde hingibt. Ihr seid meine Freunde, wenn ihr tut, was ich euch auftrage. Ich nenne euch nicht mehr Knechte; denn der Knecht weiß nicht, was sein Herr tut. Vielmehr habe ich euch Freunde genannt; denn ich habe euch alles mitgeteilt, was ich von meinem Vater gehört habe.« (Joh 15,13–15) In diesen Worten deckt uns Jesus das Wesen der Freundschaft auf. Der wahre Freund gibt sich hin für seinen Freund, wenn es notwendig ist, sogar sein Leben. Er benutzt den Freund nicht für sich, sondern er gibt sich für ihn hin. Ähnlich haben es die Griechen gesehen, die das Wesen der Freundschaft in der Bereitschaft sahen, sich ganz und gar für den anderen einzusetzen, sogar bis zur Hingabe des Lebens. Und zur Freundschaft gehört das Vertrautsein, die Offenheit, alles dem anderen mitzuteilen, was das Herz bewegt. In der Freundschaft zwischen Jesus und Johannes spüren wir, daß Jesus sein menschliches Herz geöffnet hat. Er hat sich nicht auf sein göttliches Sein zurückgezogen, sondern sein Herz geöffnet und den Freund hineinschauen lassen.

Die Liebe zu einer Frau verzaubert den Mann und gehört zu seinem Wesen. Aber genauso gehört zum reifen Mann auch die Freundschaft. Es gibt Männer, die sich nur von Frauen bewundern lassen, aber unfähig sind, sich auf eine Männerfreundschaft einzulassen. Wir spüren, daß diesen Männern etwas Wesentliches fehlt. Die Freundschaft zwischen Männern hat einen eigenen Wert. Manche Männer bleiben in der Rivalität zu anderen stecken. Sie sind ständig auf der Hut, sich verteidigen und rechtfertigen zu müssen. Wer sich auf die Freundschaft einläßt, der verzichtet darauf, seine Position zu festigen. Er öffnet sein Herz und macht sich dadurch verwundbar. Er spricht über seine Gefühle. Er geht mit dem anderen durch dick und dünn. Er erweist sich als treu und verläßlich. Das sind Werte, die den reifen Mann auszeichnen. Die Befähigung zur Freundschaft ist ein wesentliches Kriterium für die Reife eines Mannes. Johannes, der an der Brust Jesu ruht, lädt den Mann ein, seine freundschaftlichen Gefühle zuzulassen, und sich auf den Weg der Freundschaft zu begeben, der ihn in die wahre Schönheit des Mannseins führt.

Schließlich ist mir noch ein anderes Bild am Lieblingsjünger wichtig – das des weisen alten Mannes. Das Johannesevangelium ist wohl um das Jahr 100 geschrieben. Da war der Lieblingsjünger ein alter Mann. Die Legende schreibt von ihm, daß er immer nur gesagt habe: »Kinder, liebt einander.« Johannes ist für mich ein Bild des weisen Alten. Wenn ein Mann zu einem weisen Alten wird, dann geht von ihm Sicherheit aus und Milde. Er sitzt da. Und alle sitzen um ihn herum. Er redet nicht viel. Aber was er sagt, kündet von Weisheit und Weite. Er ist jenseits aller engen Dogmatik. Er ist mit sich und dem Leben versöhnt. Er hat alle Höhen und Tiefen des Menschseins am eigenen Leib erfahren. Jetzt schaut er mit einem milden Blick auf alles. Es ist ein herbstliches Licht, das von ihm ausgeht, ein mildes Licht, mit dem er alles beleuchtet, was sich ihm darbietet. Solche weisen alten Männer geben das Ziel unserer Mannwerdung an. Aber es gibt auch viele Zerrbilder des alten Mannes. Da ist der unzufriedene, ewig nörgelnde Mann. Oder der alte Mann, der seine Jugendlichkeit beweisen will. Andere Männer erzählen im Alter immer nur von der Vergangenheit. Das war die einzige Zeit, in der sie wirklich gelebt haben. C. G. Jung spricht von den »rührenden alten Herren, die die Studentenzeit immer wieder aufwärmen müssen und nur im Rückblick auf ihre homerische Heldenzeit ihre Lebensflamme anfachen können, im übrigen aber in einem hoffnungslosen Philistertum verholzt sind« (GW 8,455).

In den achtziger Jahren des letzten Jahrhunderts sprach man in der deutschen Kirche von den zornigen alten Männern. Gemeint waren Theologen wie Karl Rahner und Heinrich Fries. Diese Männer hatten nichts mehr zu verlieren. Sie wagten es, gegen den römischen Dogmatismus offen anzugehen. Der zornige alte Mann hat sicher in der Kirche und in der Gesellschaft eine wichtige Funktion. Aber für mich ist er noch nicht das Endziel der Reise auf dem Weg des Mannwerdens. Das Ziel ist der alte Weise, der auch noch die Konflikte in Kirche und Gesellschaft übersteigt. Er kann durchaus die Probleme beim Namen nennen. Aber wenn er die Wahrheit sagt, klingt es nicht mehr beißend und zornig. Man spürt vielmehr: Ja, so ist es. Und bei aller Wahrheit hört man immer auch die Weisheit heraus. Das lateinische Wort für Weisheit heißt »sapientia«. Weise ist einer, der das Leben geschmeckt hat, der den Geschmack des Lebens kennt. Auch wenn das Leben oft genug bitter geschmeckt hat, beim weisen Alten hat es einen neuen Geschmack bekommen, einen milden Geschmack. Das deutsche Wort Weisheit kommt von »wissen«. Und wissen kommt von »vidi«, schauen. Weise ist der, der den Dingen auf den Grund sieht. Er sieht in allem Vordergründigen das Eigentliche. Er schaut in allem Gott selbst. Und daher ist er versöhnt, weil menschliche Machtspiele nicht das Letzte sind. Er richtet seinen Blick durch alles Ungerechte und Böse auf den Grund. Und dort sieht er Gott am Werk, der alles verwandeln wird. Solche weisen alten Männer braucht unsere Kirche und unsere Gesellschaft heute dringender denn je.

18. Jesus: Der Heiler

Jesus ist der Mann, der alle bisher beschriebenen Archetypen in sich vereinigt. Er ist der Prophet, der Gottes Willen den Menschen verkündet. Vor Pilatus ist er der wahre König, der sich von niemandem beherrschen läßt. Jesus ist in seiner Passion der leidende Gerechte und der Märtyrer, der für seine Botschaft einsteht. Er ist der Kämpfer, der zornig und kraftvoll gegen die Hartherzigkeit der Pharisäer ankämpft. (Vgl. Markus 3,1–6) Jesus ist seinen Jüngern Freund. Und er ist der Liebhaber, nicht nur für Johannes, sondern auch für Maria von Magdala. Er zeigt einen anderen Umgang mit Frauen als die jüdischen Rabbis seiner Zeit. Er nimmt sie gleichberechtigt als Jüngerinnen auf, und er geht zärtlich und ohne Berührungsangst mit ihnen um. Jesus ist der Schelm, der in seinen Gleichnissen und in seinen spritzigen Bildworten voller Humor die Situation der Menschen beschreibt. Jesus ist der integrierte Mann, der ganze Mann, der in sich anima und animus verbindet, Liebe und Aggression, Gott und Mensch, Licht und Dunkel, Himmel und Erde. Hanna Wolf hat über Jesus, den integrierten Mann, geschrieben. Franz Alt hat im Anschluß daran Jesus als den neuen Mann gesehen. Jeder Mann sieht in Jesus andere Aspekte des Mannseins. Er erblickt in Jesus, dem Mann, das, was ihm selbst an seinem Mannsein wichtig ist.

C. G. Jung sieht in Jesus den eigentlichen Archetyp des Selbst verwirklicht. Und er meint, weil Jesus diesen Archetyp in seiner reinsten Form verwirklicht hat, hat er über Jahrhunderte eine so starke Wirkung auf die Menschen ausgeübt. Als Archetyp des

Selbst hat Jesus sowohl für Männer wie für Frauen eine integrierende Wirkung auf ihrem Weg der Selbstwerdung. Wenn ich auf den Mann Jesus schaue, so wie die vier Evangelien ihn schildern, so faszinieren mich vor allem drei Aspekte:

1. Jesus ist ganz und gar präsent: Wenn er auftritt, dann ist er einfach da. Und er ist voller Kraft. Keiner kann an ihm vorbei. Wenn er spricht, dann kann man darüber nicht einschlafen. Seine Worte treffen ins Herz. Sie rütteln wach.
2. Jesus ist innerlich frei: Er ist frei von dem Streben, sein Ego in den Mittelpunkt zu stellen. Geld, Macht und Ruhm spielen bei ihm keine Rolle. Er ist frei, das zu sagen, was er spürt. Er muß keine Rücksicht nehmen auf die Wirkung, die er auf die Menschen macht, oder auf die Konsequenzen, die seine Worte und seine Taten nach sich ziehen.
3. Jesus ist ein ganzer Mann, rein und lauter, unversehrt. Er strahlt etwas Ursprüngliches und Klares aus. Jesus ist in Beziehung zu seinem wahren Selbst. Er ist verwurzelt in Gott. Das enthebt ihn der Angst vor Verlassenwerden und Tod. Jesus ruht in sich bzw. in Gott. Er läßt sich nicht einschüchtern oder in die Enge treiben. Er ist unbestechlich.

Diese drei Aspekte sind für mich Merkmale eines echten Mannes, der ohne Angst das sagt, was er denkt, der voller Kraft da ist, an dem man nicht vorbei kann, ohne sich von seiner Dynamik anstecken zu lassen oder sich mit ihr zu konfrontieren.

Ich verzichte darauf, den Mann Jesus in allen seinen Facetten zu beschreiben. Ich möchte nur einen Archetyp herausgreifen, der mir an Jesus zentral erscheint, den Archetyp des Heilers. Zu heilen vermag nur der, der selbst heil ist und ganz, der in sich alle Höhen und Tiefen, alles Helle und Dunkle integriert hat. Alle vier Evangelien berichten uns, daß Jesus Menschen geheilt hat. Dabei deuten die Evangelien die Heilung durch Jesus auf ihre persönliche Weise.

Bei Markus ist Jesus der Exorzist, der mit Vollmacht die Dämonen austreibt. Die Dämonen sind innere Zwänge, Komplexe, die den Menschen im Griff haben. Es sind trübe Geister, die das Denken des Menschen verunreinigen, die uns innerlich verwirren. Wir können nicht mehr klar denken. Unsere Gedanken sind getrübt durch Bitterkeit, durch Enttäuschung, durch Ärger. Jesus ist der machtvolle Arzt, der durch die Kraft seines Wortes die Menschen von den fremden Mächten befreit. Als Heiler integriert er den Archetyp des Magiers. Bei der Heilung des Blinden erscheint Jesus wie ein Magier, der durch Speichel und Handauflegung die Blindheit wegzaubert. (Mk 8,22–26) Markus schildert Jesus als einen männlichen Heiler, der mit männlicher Kraft gegen die Macht der Dämonen kämpft und sie besiegt. In seinem Kampf gegen die Dämonen weckt er den Widerstand der Mächtigen dieser Welt. Sie bekommen ihn in ihre Gewalt und töten ihn. So setzt Jesus in seinem Kampf für das Leben sein eigenes Leben ein. Der Sieg über die Dämonen kostet ihm das Leben. Aber gerade in der Ohnmacht des Todes vollendet er seinen Sieg über die Dämonen. Der laute Schrei Jesu am Kreuz ist ein Siegesschrei. Jesus schreit sterbend seinen Sieg über die Macht der Finsternis in die Welt hinaus. Bei Markus heilt Jesus nicht durch Freundlichkeit und Sanftheit, sondern durch »eine kraftvolle, selbstsichere und bestimmt auftretende männliche Energie« (Arnold 249).

Bei Matthäus stehen zwei andere Aspekte der Heilung im Mittelpunkt. Da ist einmal die Schuld und dann der Glaube. Für Matthäus hängt Krankheit mit Schuld zusammen. Das hat eine gewisse Berechtigung, kann aber auch gefährlich werden, wenn der Zusammenhang absolut gesetzt wird. Bei Matthäus heilt Jesus, indem er die tiefere Ursache der Krankheit anspricht und behandelt, und indem er dem, der sich selbst nicht annehmen kann, vermittelt, daß er ganz und gar von Gott angenommen ist. Und Jesus weckt in Menschen, die an sich selbst zweifeln, ein neues Vertrauen, einen Glauben, der ihnen Standfestigkeit verleiht.

Lukas wird in der Tradition als Arzt gesehen. Er schildert Jesu Handeln oft in medizinischen Fachbegriffen. Jesus ist für ihn der wahre Arzt, der alle anderen Ärzte weit übertrifft, denen Lukas in seiner griechischen Umwelt begegnet ist. Jesus geht es darum, den Menschen ganz und heil zu machen. Daher kommt bei Lukas die griechische Wurzel »saos« (= heil, ganz, gesund) so oft vor wie bei keinem anderen Evangelisten. Die Krankheit drückt den Menschen nieder. Jesus richtet die Kranken auf und schenkt ihnen ihre unantastbare Würde wieder, die sie in der Krankheit beeinträchtigt erlebten. Der gekrümmten Frau, die sich hängen läßt und erdrückt wird von der Last ihres Lebens, begegnet er so, daß sie im Bewußtsein ihrer göttlichen Würde aufrecht von ihm weggeht. (Vgl. Lukas 13,10–17) In der Nähe Jesu lassen die Menschen ihre Resignation los. Sie fühlen sich von ihm angesehen und geachtet, zärtlich berührt und angenommen. Und sie finden ihre Ganzheit wieder. Wenn Jesus den kranken Menschen heilt, dann ist das Neuschöpfung. Jesus zeigt in der Heilung, wie der Mensch von Gott her gedacht ist. Als Gott den Menschen geschaffen hatte, sah er, daß alles gut war. Das will Jesus dem Kranken vermitteln: »Es ist gut, daß du da bist. Und es ist gut, daß du so bist, wie du bist. Du bist gut.« Solche Botschaft richtet den niedergebeugten Menschen wieder auf und zeigt ihm seine ursprüngliche Schönheit.

Johannes sieht als die Ursache der Krankheit das Abgeschnittensein von der göttlichen Quelle. Der Mensch ist nur gesund, wenn er vom göttlichen Leben durchdrungen ist. Jesus heilt den Gelähmten und den Blindgeborenen an einer Quelle. Aber Jesus hat es nicht nötig, die Kranken in die Quelle hineinzuführen. Er bringt sie durch sein Wort in Berührung mit der inneren Quelle, mit der Quelle des göttlichen Lebens, das in ihnen sprudelt. Wenn jemand mit dieser Quelle in Kontakt kommt, dann wird er gesund, dann traut er sich, aufzustehen und seinen Weg zu gehen. Dann bekommt er Mut, die Augen zu öffnen. Er wird fähig, das Eigentliche zu sehen, das Hintergründige, Gott, der in allem ist.

Die Frage ist für mich, wie Jesus zum Heiler geworden ist. Die theologische Antwort, daß er als Sohn Gottes zu heilen vermochte, ist mir dabei zu wenig. Jesus war nicht von Anfang an Heiler. Er hat in sich erst den Archetyp des Heilers entwickelt. Für mich beschreiben die Evangelien wichtige Stationen auf dem Weg zum Heiler. Die erste Station ist die Taufe Jesu. Sie war offensichtlich eine Erleuchtungserfahrung. Markus erzählt uns, daß der Himmel sich über Jesus öffnete, als er aus dem Wasser des Jordan stieg. Die Taufe ist bei Markus ein göttliches Einweihungsritual in die Männlichkeit. Jesus steigt als neuer Mann aus den Fluten des Jordan. Die Identität des braven Zimmermannssohnes hat er im Jordan begraben. Er ist hineingestiegen in das Wasser, in den Bereich des Unbewußten. Ohne die Quelle des Unbewußten vertrocknet unser Leben. Für Lukas ist ein anderer Aspekt an der Taufe Jesu wichtig. Jesus wird in der Taufe mit Hl. Geist erfüllt. Jesus – so erzählt uns Lukas schon in der Geburtsgeschichte – ist von Geburt an Gottes Sohn. Doch in der Taufe wird ihm bewußt, wer er eigentlich ist: Gottes geliebter Sohn, mit der Kraft seines Geistes begabt. Alles, was Jesus nun tut – seine Verkündigung und sein Heilungsauftrag – ist Ausdruck, daß er ganz und gar vom Geist Gottes durchdrungen ist. Der Geist Gottes ist eine Kraft, die Jesus zur Verfügung steht, um zu heilen und zu befreien.

Es gibt aber immer wieder Menschen, die ähnliche Geisteserfahrungen machen und sie dazu mißbrauchen, sich aufzublähen und sich über andere zu erheben. Eine wichtige Station des Mannwerdens ist daher für Jesus, daß der Geist ihn in die Wüste treibt. Bei Markus heißt es wörtlich, daß der Geist Jesus in die Wüste hinauswirft. Es ist also kein sanftes, sondern ein kraftvolles Wirken des Hl. Geistes, das Jesus an sich erfährt. »Dort blieb Jesus vierzig Tage lang und wurde vom Satan in Versuchung geführt. Er lebte bei den wilden Tieren, und die Engel dienten ihm.« (Mk 1,13) Die vierzig Tage stehen für die psychische Herausforderung, der sich Jesus in der Wüste stellt. Jesus begegnet in der Wüste seiner eigenen Wahrheit. Die Wüste ist für Markus der Herrschaftsbereich der Dämonen. Jesus stößt in diesen Raum der Dämonen vor. Er stellt sich ihnen. Er macht sich mit ihnen vertraut und gewinnt Macht über sie. Markus drückt das aus im Bild von den wilden Tieren und den Engeln. Jesus erlebte das wilde Tier in sich. Er läuft nicht davon, sondern versucht, sich mit dem Wilden und Tierhaften auszusöhnen. Zugleich erfährt er die Engel bei sich. Jeder Mann hat auch eine Engelseite. Die kann man genauso verdrängen. Wenn man jedoch nur die Engelseite sieht, ist man in Gefahr, seine Männlichkeit zu verlieren und sich auf einen spirituellen Weg zu begeben, auf dem man abhebt. Das tut der Seele nicht gut. Die frühen Mönche wußten um diese Gefahr. Ein Altvater rät, einen jungen Menschen, der auf seinem spirituellen Weg in den Himmel zu fliegen scheint, an der Ferse zu packen und auf die Erde zu stellen. Jesus verbindet in seiner Wüstenzeit beide Seiten in sich: die tierhafte und die engelhafte Seite. Er lebt friedlich mit den wilden Tieren. Und zugleich dienen ihm die Engel. Die Engel sind geistige Wesen, die Gott schauen. Ausgesöhnt mit der Tierseite schaut Jesus Gott. Die Tiere stehen im Traum immer für die Weisheit des Instinktes, für das Triebhafte und für die Sexualität. Dieser ganze Bereich ist bei Jesus integriert. Er hindert ihn nicht an der Gottesschau, sondern ist gerade der Nährboden, auf dem die Spiritualität erwächst. Das Bild von den wilden Tieren und den Engeln besagt noch etwas anderes: »Am gefährlichsten Ort auf Erden war Jesus sicher und geborgen. Jetzt konnte man ihn nicht mehr kaufen, einschüchtern, versuchen oder zähmen.« (Arnold 247)

Ich möchte noch einige weitere Bilder aus den Evangelien herausgreifen, die beschreiben, warum Jesus zu heilen vermochte. Ich folge hier vor allem dem Markusevangelium. Als Jesus zum ersten Mal in der Synagoge von Kafarnaum predigte, waren die Menschen sehr betroffen von seiner Lehre: »Denn er lehrte sie wie einer, der (göttliche) Vollmacht hat, nicht wie die Schriftgelehrten.« (Mk 1,22) Jesus sprach so von Gott, daß die Menschen spürten: Der redet nicht einfach so über Gott. Vielmehr ist in seinen Worten Gott gegenwärtig. Da blitzt Gott auf. Es war eine machtvolle Rede und ein authentisches Sprechen von Gott. Schon dieses Sprechen Jesu von Gott vermag die Menschen zu heilen. Als Jesus richtig und klar von Gott sprach, schrie ein Mann in der Synagoge auf. Er war von einem unreinen Geist besessen. Man könnte sagen: Er hatte ein dämonisches Gottesbild. Als Jesus von Gott sprach, regte sich dieses dämonische Gottesbild. Vielleicht hatte er Gott für sich als Sicherungssystem mißbraucht. Oder er hatte ihn dazu benutzt, sich über die anderen stellen zu können. Gott diente ihm als Steigerung seines Selbstwertgefühls. Jesus hat diese dämonischen Gottesbilder ans Licht gezogen. Sie mußten sich regen. Der Mann platzte schier. Er spürte, da geht es ihm an den Kragen. Wenn diese dämonischen Gottesbilder nicht mehr gelten, dann bricht sein Lebensgebäude zusammen. Jesus fährt den unreinen Geist an: »Schweig und verlaß ihn!« (Mk 1,25) Und der Geist verläßt ihn unter lautem Geschrei. Die Reaktion der Menschen war Erschrecken und Staunen: »Was hat das zu bedeuten? Hier wird mit Vollmacht eine ganz neue Lehre verkündet. Sogar die unreinen Geister gehorchen seinem Befehl.« (Mk 1,27) Indem Jesus richtig von Gott spricht, wird ein Mensch geheilt. Kranke Gottesbilder machen den Menschen krank. Wenn einer durch die Erfahrung seiner eigenen Wahrheit den wahren Gott erkannt hat und von ihm authentisch spricht, heilt er Menschen, die von dämonischen Gottesbildern beherrscht werden. Heilen ist hier vor allem: Befreien des Menschen von fremden Mächten, von Dämonen und von krankmachenden Lebensmustern und Vorstellungen von Gott und von der Welt.

Das zweite Bild, das mir für den Mann Jesus, den Heiler, besonders wichtig ist, leuchtet in der Geschichte von der Heilung eines Mannes am Sabbat auf. (Mk 3,1–6) Da ist ein Mann, dessen Hand verdorrt ist. Es ist offensichtlich ein Mann, der seine Männlichkeit verleugnet hat. Er hat sich angepaßt, die Hand zurückgezogen, um sich die Finger nicht zu verbrennen. Er ist unfähig zu wirklicher Kommunikation. Er kommt nicht in Berührung mit den anderen. Er sitzt am Rand, als Zuschauer da. Das ist das Zerrbild eines Mannes. Jesus heilt diesen Mann, indem er ihn auffordert: »Steh auf und stell dich in die Mitte!« (Mk 3,3) Die Krankheit dieses Mannes besteht darin, sich aus allem herauszuhalten. Jetzt muß er endlich seine Zuschauerrolle verlassen und sich in die Mitte stellen. Dort wird er von allen gesehen. Er muß sich den Blicken stellen und zu sich stehen. Dann wendet sich Jesus an die Pharisäer, bevor er sich weiter um den Mann kümmert: »Was ist am Sabbat erlaubt: Gutes zu tun oder Böses, ein Leben zu retten oder es zu vernichten?« (Mk 3,4) Jesus nimmt die Auseinandersetzung mit den Pharisäern auf. Er weiß, daß sie ihn genau beobachten, ob er am Sabbat heilen würde. Denn das ist für die Pharisäer nur in Todesgefahr erlaubt. Für Jesus sind diese kleinlichen Gebote tödlich. Wem die Normen wichtiger sind als der Mensch, der tut Böses, der vernichtet Leben. Hier wird die Freiheit Jesu sichtbar. Ihm geht es um den Menschen, nicht um Vorschriften. Als die Pharisäer feige schweigen, sieht Jesus »sie der Reihe nach an, voll Zorn und Trauer über ihr verstocktes Herz« (Mk 3,5). Jesus steht allein gegen die Mauer verhärteter Männer, die sich hinter ihrer Macht und ihren Normen verstecken. Jesus ist ganz in seinen Gefühlen. Sein Zorn ist kraftvoll. Er explodiert nicht in seinem Zorn, sondern distanziert sich von den anderen. Er gibt ihnen keine Macht. Sie können noch so hart sein. Es ist ihr Problem. Jesus ruht in sich. Der Zorn ist für ihn die Kraft, die es ihm ermöglicht, bei sich zu bleiben und sich von der Macht der anderen zu befreien. Jesus ist hier für mich der Mann, der ganz präsent ist. Er ist ganz im Augenblick und ganz bei sich. Er läßt sich nicht von Erwartungen, Befürchtungen und Drohungen von außen bestimmen, sondern allein von seinem eigenen Gespür her. Er ist eins mit sich. Und aus dieser Einheit mit sich und mit Gott läßt er sich durch niemanden reißen, auch nicht durch verstockte und feindselige Herzen. Jesus ist aber nicht nur voll Zorn, sondern auch voll Trauer. Im Griechischen heißt es hier: »syllypoumenos«. Es meint: mittrauern, mitfühlen. Jesus distanziert sich im Zorn. Aber er versetzt sich auch in die Herzen der Gegner. Er fühlt mit, wie es in ihnen aussehen muß. Er spürt, wie hart ihr Herz geworden ist, wie verzweifelt diese Menschen sein müssen, da sie ihr menschliches Gefühl absterben ließen. Es ist ein totes Herz. Weil Jesus in sich steht, hat er zugleich den Mut, in das Herz des anderen zu schauen, auch wenn es dort noch so chaotisch, dunkel und böse aussieht.

Jesus nimmt die feindselige Atmosphäre wahr. Und trotzdem tut er das, was er in seinem Herzen spürt. Er läßt sich nicht von anderen bestimmen. Er handelt aus sich heraus. So befiehlt er dem Mann: »Streck deine Hand aus!« (Mk 3,5) Er soll den Mut haben, sein Leben selbst in die Hand zu nehmen, seine Hand auszustrecken, um sie anderen zu geben, um die Probleme anzupacken, die anstehen. In dieser Heilungsgeschichte begegnet mir die starke Männlichkeit Jesu. Jesus ist ein Mann, der zu sich steht, auch wenn sich die ganze Umgebung gegen ihn stellt. Er tut das, was er von innen heraus spürt, ohne Angst vor der feindseligen Reaktion der anderen. Das fasziniert mich. Jesus kämpft für den Mann, der sein Mannsein verleugnet hat. Er kämpft für das Leben. Er ist so präsent, daß die anderen nicht an ihm vorbei können. Weder der Kranke noch die hartherzigen Pharisäer kommen an ihm vorbei. Sie müssen sich stellen. Jesus ist in sich so klar, daß die Unklarheit der Menschen in seiner Umgebung offenbar wird. In der Nähe kommt alles ans Licht, was sich im menschlichen Herzen versteckt hat. Jesus zwingt zur Wahrheit. Keiner kann an sich und seiner Wirklichkeit vorbei, wenn dieser Jesus vor ihm steht.

In der Geschichte über seine Zeit in der Wüste haben wir gesehen, daß Jesus sich mit seinen Schattenseiten ausgesöhnt und das Tierhafte in sich integriert hat. Der Gipfel der Integration wird am Kreuz sichtbar. Das Kreuz ist ein Ursymbol für die Einheit aller Gegensätze. Am Kreuz umfaßt Jesus alle Bereiche des Kosmos: die Höhe und Tiefe, Erde und Himmel, Licht und Dunkelheit, Bewußtes und Unbewußtes, Mann und Frau. Alle vier Evangelisten berichten uns, daß die Frauen beim Kreuz standen. Jesus hat sich von den jüdischen Rabbis dadurch unterschieden, daß er auch Frauen in seine Nachfolge aufnahm. Jesus hatte also einen anderen Umgang mit Frauen. Hanna Wolf hat Jesus als den integrierten Mann beschrieben, der auch die anima in sich integriert hat. Das könnte man auch an seinem Verhalten Frauen gegenüber aufzeigen. Jesus hat sich ohne Scheu mit Frauen unterhalten. Er traut seinem Gefühl gegenüber Frauen und nimmt dabei nicht auf die Ängstlichkeit seiner Jünger Rücksicht. Die Jünger wundern sich, daß er mit einer Samariterin spricht: »Aber keiner sagte: Was willst du?, oder: Was redest du mit ihr?« (Johannes 4,27) Oder Jesus hat eine Frau nah an sich herangelassen, die mit ihren Tränen seine Füße wusch, sie mit ihren Haaren trocknete und küßte. (Lk 7,38) Und er hat Frauen nicht auf eine Rolle festgelegt. Er hat Martha als Gastgeberin geschätzt, aber auch Maria, die ihm einfach nur zuhört und sein Geheimnis verstehen möchte. (Lk 10,38–423)

Lukas beschreibt am Kreuz Jesus als den gerechten Menschen. Damit nimmt er Bezug auf eine Stelle aus dem »Staat – politeia« des griechischen Philosophen Platon (428–348 v. Chr.). Platon meint, ein wirklich gerechter Mensch käme bald in Gegensatz zu seiner verlogenen Umwelt. Platon schreibt: »Bei solcher Gemütsverfassung wird der Gerechte gegeißelt, gefoltert, in Ketten gelegt und geblendet werden an beiden Augen, und schließlich wird er nach allen Martern noch ans Kreuz geschlagen.« Schon Clemens von Alexandrien hat um das Jahr 210 n. Chr. diese Platonworte als Vorausdeutung des Kreuzestodes Jesu gesehen. Und schon vor ihm hat es wohl Lukas so verstanden. Jesus war ein gerechter Mann, ein richtiger, ein aufrechter Mann. Er ist allem gerecht geworden. Er hat alles Gegensätzliche in sich integriert. Lukas gebraucht das Adjektiv »gerecht« oft im Sinne von untadelig. In der Apostelgeschichte bezeichnet er Jesus öfter als den Gerechten: »Ihr aber habt den Heiligen und Gerechten verleugnet.« (Apostelgeschichte 3,14) Jesus ist der gerechte, der richtige, der untadelige Mann, der allen Bereichen des Menschen in sich gerecht wird. Er ist der integrierte Mann, der alles, was zum Menschsein gehört, in sich vereinigt.

Jesus ist für Lukas der Mann, der ganz er selbst ist, der aus seiner inneren Mitte heraus lebt und auch uns mit unserem wahren Selbst in Berührung bringen möchte. Jesus als der Archetyp des Selbst leuchtet in einer Szene am Abend des Ostertages auf. Jesus tritt in den Kreis der Jünger. Er verweist sie auf seine Hände und Füße und sagt: »Ich bin es selbst.« (Lk 24,39) Im Griechischen heißt es »ego eimi autos«. »Autos« ist für die stoische Philosophie Ausdruck für das wahre Selbst, für das innere Heiligtum des Menschen, zu dem niemand Zutritt hat als Gott. Es ist der innere Raum der Freiheit und Authentizität, das wahre Selbst, der eigentliche Personkern. Der Auferstandene will uns zu unserem wahren Selbst führen. Er lädt die Jünger ein: »Faßt mich doch an und begreift: Kein Geist hat Fleisch und Knochen, wie ihr es bei mir seht.« (Lk 24,39) In der Begegnung mit dem Auferstandenen soll den Jüngern aufgehen, daß sie nicht reiner Geist sind, sondern Person. Wie Jesus sind sie aus Fleisch und Knochen. Doch im Innersten befindet sich das »autos«, das Heiligtum, das wahre Selbst, in dem Gott in uns wohnt. Das Ziel des Mannwerdens ist, mit dem innersten Selbst in Berührung zu kommen, mit dem Raum der Stille, in dem Gott in uns wohnt wie in einem Heiligtum, mit dem Ort des Schweigens, in dem wir ganz selbst sind, frei von den Erwartungen anderer, frei vom eigenen Leistungsdruck.

Jesus vermag die Menschen zu heilen, weil er ganz er selbst ist, authentisch, weil er in seinem inneren Heiligtum wohnt, in dem »autos«. Jesus lädt Männer und Frauen ein, zu ihrem wahren Selbst zu gelangen. Dann wird auch von ihnen etwas Heilendes und Ganzmachendes ausgehen. Wer in sich gespalten ist, bewirkt um sich herum Spaltung. Wer getrübt ist durch Dämonen, der erzeugt um sich Nebel und Unklarheit. Er projiziert das Dunkle und Kranke in sich auf die anderen. Jesus ist frei von allen Projektionsmechanismen. Er sieht sich so, wie er ist. Und deshalb vermag er auch die Menschen so zu sehen, wie sie sind. Weil er in seinem Selbst ruht, entdeckt er auch in den anderen den wahren Kern. Heilung heißt: sie mit diesem göttlichen Kern wieder in Berührung zu bringen. Aber zugleich heißt Heilung für Jesus: Ja sagen zu seiner Leiblichkeit. Der Weg zum inneren Heiligtum führt über den Leib und durch das eigene Fleisch hindurch. Nur der Mann, der ja sagt zu seinem Leib und sich mit ihm aussöhnt, kommt in Berührung mit seinem wahren Selbst, mit dem inneren Raum in sich, in dem das unverfälschte und unversehrte Bild Gottes in ihm wohnt.

Wir können von uns nicht sagen, daß wir Heiler sind. Es gibt Menschen, die eine heilende Begabung haben. Das ist immer ein unverfügbares Geschenk Gottes. Was wir an Jesus lernen können, ist, zu unserem wahren Selbst zu gelangen. Dann wird von uns Heilendes ausgehen. Für uns wäre es gefährlich, wenn wir uns mit dem Archetyp des Heilers identifizieren würden. Ich erlebe die Gefahr bei mir selbst immer wieder. Wenn jemand in der geistlichen Begleitung erzählt, daß er schon einige Therapien hinter sich habe, die ihm nicht geholfen hätten, dann meldet sich in mir der Archetyp des Heilers zu Wort: »Ich könnte ihn heilen. Der geistliche Weg, den ich ihm zeige, wird ihn heilen.« Doch wenn ich mich vom Archetyp des Heilers gefangen nehmen lasse, werde ich blind für die eigenen Bedürfnisse. Ich möchte mich als Heiler beweisen. Ich möchte den Therapeuten beweisen, daß der spirituelle Weg mehr heilende Kraft besitzt als psychologische Methoden. Doch all das vernebelt meinen Geist. Ich werde den anderen nicht mehr so sehen, wie er ist. Und ich setze mich unter Druck. Ich merke nicht, wie mich der Archetyp des Heilers dazu verführt, mein Maß zu verlieren, mir mehr zuzutrauen, als mir zusteht, und meine eigenen Bedürfnisse nach Nähe und Anerkennung am Klienten auszuagieren. Jesus, der Heiler, bewahrt mich davor, mich mit dem Archetyp des Heilers zu identifizieren. Jesus will mich in Berührung bringen mit den heilenden Kräften, die auch in mir sind. Aber vor allem will er mich dazu führen, mein wahres Selbst zu entdecken. Dann wird auch Heilendes von mir ausgehen.

Es gibt viele Frauen, die sich in den Kranken gut einfühlen und sie durch ihre zärtliche Pflege heilen. Mir erzählen manchmal Frauen, daß sie heilende Hände haben. Von Männern höre ich das kaum. Wenn der Mann Heiler ist, dann hat sein Heilen eine andere Qualität. Er heilt durch seine männliche Kraft und durch Klarheit. Es gibt viele gute Ärzte und Therapeuten, Seelsorger und geistliche Begleiter, die ihre Klienten mit ihrer Kraft in Berührung bringen. Sie haben von Jesus die konfrontierende Therapiemethode gelernt. Sie konfrontieren den Kranken mit seinen eigenen Ressourcen. Sie locken in ihm seine eigene Kraft hervor. Männer können an Jesus lernen, ihre heilenden Kräfte zu entdecken. Doch die Voraussetzung ist, daß sie sich mit Jesus auf den Weg des Mannwerdens machen, auf dem sie alles, was in ihnen auftaucht, in ihr Mannsein integrieren, das Wilde und das Sanfte, das Harte und das Weiche, das Männliche und das Weibliche, das Helle und das Dunkle. In der Begegnung mit Jesus fällt von ihnen ab, was unecht und nur gemacht ist. Da kommen sie in Berührung mit ihrem wahren Selbst. Und nur aus diesem innersten Selbst heraus vermögen sie zu heilen.

Fazit: Wege zum Mannwerden

Die Männer der Bibel, die ich beschrieben habe, ermutigen uns, uns der eigenen Wahrheit zu stellen. Wir können ihre Geschichte nicht einfach als Zuschauer betrachten. Die Männer der Bibel sind kraftvoll. Man kann an ihnen nicht achtlos vorübergehen. Sie sprechen uns an. Sie fordern uns heraus. Sie wecken die männliche Kraft in uns. Aber die Männer der Bibel sind keine Idealbilder, denen wir nur mit schlechtem Gewissen nacheifern können. Sie sind selbst Um- und Irrwege gegangen. Sie haben Rückschläge erlitten. Und sie sind gefallen. Sie wollen uns sagen: »Es kommt nicht darauf an, daß du alles perfekt machst, sondern daß du das Leben wagst. Es kommt nicht darauf an, keine Fehler zu machen. Verstecke deine Fehler nicht, sondern lerne an ihnen. Es ist nicht schlimm zu fallen. Aber bleibe nicht liegen. Steh auf, wenn du gefallen bist. Wenn du kämpfst, wirst du auch immer wieder verwundet werden. Geh deinen Wunden nicht aus dem Weg. Sie gehören zu deinem Weg. Sie befähigen dich gerade zur Liebe. Denn es gibt keine Liebe ohne Wunden. Komm in Berührung mit deiner männlichen Kraft, mit deiner Aggression, mit deiner Sexualität, mit deiner Disziplin, aber auch mit deinen Leidenschaften. Sie bewahren dich davor, daß dein Leben langweilig wird. Kämpfe mit allem, was dich am Leben hindern möchte. Kämpfe für die Menschen und ihr Leben. Setze dich ein mit allem, was dir zur Verfügung steht. Dann wirst du Lust haben an deinem Mannsein. Dann wirst du als Mann fähig zu einer Liebe, die Leben weckt, zu einer Liebe, die voller Leidenschaft ist und dich und den geliebten Menschen verzaubert. Und du wirst erkennen, daß es sich lohnt, sich auf den Weg des Mannwerdens zu machen und auf diesem Weg einen Aspekt Gottes zu verwirklichen, der nur durch dich in dieser Welt aufscheinen kann.«

Die Beschäftigung mit den Männern der Bibel lädt dazu ein, eine männliche Spiritualität zu entwickeln, die den Archetypen entspricht, die diese Männer repräsentieren. Auch wenn die katholische Kirche die Frauen vom Priesteramt bisher ausgeschlossen hat, ist ihre Spiritualität doch eher weiblich als männlich. Passive Tugenden wie Verständnis, Mitleid und Demut werden gepriesen, während das aggressive Kämpfen um Gerechtigkeit und der leidenschaftliche Einsatz für den Freund eher in den Hintergrund treten.

Ich hoffe, daß die Ausführungen dieses Buches Männer neugierig machen, ihren ureigensten Weg zu finden, ihren Weg der Selbstwerdung, aber auch ihren spirituellen Weg, der die Kraft und die Leidenschaft nicht ausschließt, sondern sich von der Dynamik männlicher Energie leiten läßt. Die männliche Spiritualität, wie sie in den 18 biblischen Männergestalten zum Ausdruck kommt, verabscheut ein starres System und jede Ideologie. Männer sind skeptisch gegen allzu hohe Ideale, gegen eine zu feierliche Sprache. In den Männern der Bibel entdecken wir männliche Wege, mit Gott in Berührung zu kommen und sich für die Menschen einzusetzen. Wir begegnen in ihnen kraftvollen Männern, die durch alle Höhen und Tiefen geschritten sind, die sich ihrer Wahrheit gestellt haben, die ihre Sexualität und Vitalität integriert haben, die oft genug aber auch hin- und hergezerrt wurden von ihren verschiedenen inneren Strebungen. Männliche Spiritualität widersetzt sich jeder Systematisierung und Idealisierung. Sie ist konkret, auf Handlungen und Engagement ausgerichtet, voller Kraft und voller Leidenschaft.

Ich habe die Männer in der Bibel 18 verschiedenen Archetypen zugeordnet. Aber es sind immer konkrete Männer mit einer spezifischen Geschichte. Die Männer der Bibel sind keine Supermenschen. Es sind Männer aus Fleisch und Blut, Männer mit einer Erfolgsgeschichte und mit einer Geschichte des Scheiterns. Sie haben Brüche erlebt auf ihrem Entwicklungsweg. Es sind kraftvolle Männer. Aber oft werden sie auch schwach. Sie fallen. Sie verlieren im Kampf. Aber nach der Niederlage stehen sie wieder auf. Und es sind liebesfähige Männer. Aber auch auf ihrem Weg der Liebe erleben sie Höhen und Tiefen, Erfüllung und Versagen. Ich hoffe, daß die 18 Männergestalten den Lesern helfen, ihre eigene Männlichkeit zu entfalten und sich als Mann anzunehmen mit allen Stärken und Schwächen. Die Männer der Bibel laden uns ein, das eigene brüchige Leben anzunehmen und es in die Gestalt hinein zu formen, die Gott jedem einzelnen zugedacht hat. Wir müssen keinem Schema entsprechen. Es geht vielmehr darum, sich auf den Weg einzulassen, auf den Gott jeden einzelnen von uns schickt.

Kein Mann wird einer der 18 Gestalten entsprechen, die ich dargestellt habe. Aber jeder wird in dem einen oder anderen Ähnlichkeiten mit sich selbst entdecken. So sind diese Männergestalten eine Einladung an jeden Mann, seine eigenen Stärken herauszufinden, aber auch seine Gefährdungen wahrzunehmen, die Chancen zu entdecken, die in seiner Struktur liegen, aber auch die Fallen, die ihn erwarten. Und er soll erkennen, wo er auf seinem Entwicklungsweg gerade steht, und welche Schritte er zu gehen hat. Jeder Mann hat die Aufgabe, seinen ganz persönlichen Weg zu gehen, den Weg, auf den Gott nur ihn schickt. Aber indem er sich mit den 18 biblischen Männern vergleicht, wird er in sich selbst Bereiche entdecken, die ihm bisher verschlossen waren.

Die Männer, die ich beschrieben habe, haben in sich immer zwei Pole entfaltet: das Kämpfen und das Lieben. Es gibt keinen Weg der Mannwerdung ohne diese beiden Pole. Der Mann, der nur kämpft, wird leicht zum Streithans, der immer Feinde braucht, um sich überhaupt zu spüren. Der Mann, der das Kämpfen überspringt und sich nur der Liebe verschreibt, wird nie wirklich zu lieben verstehen. Mit erzählte neulich erst eine Frau, ihr Mann würde sie zwar lieben. Aber sie kann diese Liebe nicht genießen. Denn sie sei so klammernd, so kraftlos, nur anschmiegend, aber nicht herausfordernd. Die Liebe braucht auch Kraft, um ihr ganzes Potential an Verzauberung und Beglückung entfalten zu können.

Jeder Mann wird seine persönliche Balance zwischen Kämpfen und Lieben finden müssen. Es gibt keinen Einheitsmann, kein Einheitsmuster für die männliche Selbstwerdung. Das Gleichgewicht von Kämpfen und Lieben muß auch in jedem Lebensalter neu austaxiert werden. Es wandelt sich mit dem Älterwerden. So wünsche ich dir, lieber Leser, daß du deinen Weg findest, wie du gerade jetzt Kämpfen und Lieben miteinander verbinden kannst. Ich wünsche dir, daß du beim Lesen deine männliche Kraft spürst, und daß du dich daran freuen kannst, daß du Lust empfindest, deine Kraft zu entfalten, und daß du gerne Mann bist. Und ich wünsche dir, daß du dein Mannsein nicht auf Kosten der Frau entfaltest, sondern so, daß du die Frauen neugierig machst, die wissen möchten, wie authentisches Mannsein aussieht, und wie es schmeckt, und daß du dich auf deinem Weg des Mannwerdens immer wieder auch vom Geheimnis der Frau faszinieren läßt, die Neues in dir hervorlockt. Es ist ein spannender Weg, der dich erwartet, ein Weg, der dich über Höhen und Tiefen, durch Dunkelheiten und Lichterfahrungen führt. Ich wünsche dir, daß du als Mann Lust bekommst, für das Leben zu kämpfen und das Leben zu lieben, und daß du auch andere einlädst, mit dir zu kämpfen und zu lieben.

Literatur

Patrick M. Arnold, *Männliche Spiritualität. Der Weg zur Stärke*, München 1991.

Robert Bly, *Eisenhans. Ein Buch über Männer*, München 1991.

Jean Shinoda Bolen, *Götter in jedem Mann. Besser verstehen, wie Männer leben und lieben*, München 1998.

Joseph Campbell, *Der Heros in tausend Gestalten*, Frankfurt 1949.

Die Regel des heiligen Benedikt, hg. im Auftrag der Salzburger Äbtekonferenz, 6. Auflage der Neubearbeitung 39.–46. Tausend, Beuron 1990.

Heribert Fischedick, *Der Weg des Helden. Selbstwerdung im Spiegel der biblischen Bilder*, München 1992.

Walter Grundmann, *Das Evangelium nach Lukas*, Berlin 1966.

Tad und Noreen Guzie, *Archetypisch Mann und Frau. Wie verborgene Urbilder unser Schicksal gestalten und Beziehungen prägen*, Interlaken 1987.

Walter Hollstein, *Das neue Selbstverständnis der Männer*, in: Der Mann im Umbruch, Olten 1989, S. 11–26.

C. G. Jung, GW 8, Olten 1971.

C. G. Jung, *Zur Psychologie des Kindarchetypus*, in: GW 9/I, Olten 1976, S. 163–196.

C. G. Jung, *Zur Psychologie der Tricksterfigur*, in: GW 9/I, Olten 1976, S. 271–290.

C. G. Jung, *Christus, ein Symbol des Selbst*, in: GW 9/II, Olten 1976, S. 46–80.

Lutz Müller, *Manns-Bilder: Zur Psychologie des heroischen Bewußtseins*, in: Der Mann im Umbruch, Olten 1989, S. 92–113.

Peter Michael Pflüger (Hrsg.), *Der Mann im Umbruch. Patriarchat am Ende?*, Olten 1989.

Richard Rohr, *Der wilde Mann. Geistliche reden zur Männerbefreiung*, München 1986.

Richard Rohr, *Masken des Maskulinen. Neue Reden zur Männerbefreiung*, München 1993.

Walter Schubart, *Religion und Eros*, München 1941.

Gestärkt durch Krisen gehen

Anselm Grün
Trau deiner Kraft
Mutig durch Krisen gehen

160 Seiten, gebunden
ISBN 978-3-89680-430-3

Die Finanzkrise hat das Vertrauen in Politik und Wirtschaft erschüttert. Nichts scheint mehr sicher. Aber auch Beziehungskrisen, Familienkrisen oder die Midlife-Crisis konfrontieren uns mit unseren innersten Sorgen und Ängsten.

Anselm Grün möchte mit seinem Buch dabei helfen, sich unverzagt den Herausforderungen des Lebens zu stellen. Er zeigt mit konkreten Tipps, wie wir unsere Angst vor dem Scheitern überwinden und wieder zu unserer inneren Stärke finden.

Vier-Türme-Verlag
97359 Abtei Münsterschwarzach
Telefon 09324/20 292, Telefax: 09324/20 495
E-Mail: info@vier-tuerme.de
www.vier-tuerme-verlag.de

Die Ratgeber von Anselm Grün bei dtv

»Der Benediktinermönch betreibt
Lebensphilosophie für Millionen.«
Süddeutsche Zeitung

Du bist ein Segen
ISBN 978-3-423-**34474**-6

Anselm Grün entfaltet Aspekte des Segens, die die Bibel anbietet und gibt in diesem Buch auch ganz persönliche Segensworte.

Ich wünsch Dir einen Freund
ISBN 978-3-423-**34441**-8

Nach Anselm Grün »bedarf jeder Mensch neben der Liebe die Freundschaft, wenn er nicht Schaden an seiner Seele nehmen will.«

Damit Dein Leben Freiheit atmet
Reinigende Rituale für Körper und Seele
ISBN 978-3-423-**34392**-3

Leben und Beruf
Eine spirituelle Herausforderung
ISBN 978-3-423-**34534**-7

Menschen führen – Leben wecken
Anregungen aus der Regel Benedikts von Nursia
ISBN 978-3-423-**34277**-3

Die zehn Gebote
Wegweiser in die Freiheit
ISBN 978-3-423-**34555**-2

Die zehn Gebote, Grundpfeiler der christlichen Ethik, geben uns Sicherheit und Orientierung in einer Welt voller Möglichkeiten und Meinungen.

Königin und wilde Frau
Lebe, was du bist!
ISBN 978-3-423-**34585**-9

Facetten der Weiblichkeit, die in jeder Frau stecken, stellen Anselm Grün und seine Schwester Linda Jarosch an 14 biblischen Archetypen dar.

Die hohe Kunst des Älterwerdens
ISBN 978-3-423-**34624**-5

Anselm Grün schildert einfühlsam die Herausforderungen des Älterwerdens und zeigt die darin liegenden Chancen auf.

Kämpfen und lieben
Wie Männer zu sich selbst finden
ISBN 978-3-423-**34638**-2

Anselm Grün richtet seinen Fokus auf männliche Gestalten der Bibel, die dem Leser den Weg zum Mannsein weisen können.

Bitte besuchen Sie uns im Internet: www.dtv.de

Spiritualität bei dtv

Dalai Lama
Der Weisheit des Herzens folgen
Warum Frauen die Zukunft gehört
Übers. v. E. Liebl
ISBN 978-3-423-24803-7

Die heilende Kraft der Gefühle
Gespräche mit dem Dalai Lama
Hg. v. D. Goleman
Übers. v. F. R. Glunk
ISBN 978-3-423-36178-1

Khalil Gibran
Der Prophet
Übers. v. D. und G. Bandini
ISBN 978-3-423-36261-0

Der Traum des Propheten
Lebensweisheiten
Übers. v. D. und G. Bandini
ISBN 978-3-423-34144-8

Der Gesang des Propheten
Hg. v. Bettina Lemke
Übers. v. D. Bandini
ISBN 978-3-423-34451-7

Der Wanderer
Übers. v. D. und G. Bandini
ISBN 978-3-423-34535-4

Christian Jostmann
Nach Rom zu Fuß
Geschichte einer Pilgerreise
ISBN 978-3-423-34622-1

Anselm Grün
Menschen führen – Leben wecken
ISBN 978-3-423-34277-3

Damit dein Leben Freiheit atmet
Reinigende Rituale für Körper und Seele
ISBN 978-3-423-34392-3

Du bist ein Segen
ISBN 978-3-423-34474-6

Leben und Beruf
Eine spirituelle Herausforderung
ISBN 978-3-423-34534-7

Die Zehn Gebote
Wegweiser in die Freiheit
ISBN 978-3-423-34555-2

Die hohe Kunst des Älterwerdens
ISBN 978-3-423-34624-5

Anselm Grün, Linda Jarosch
Königin und wilde Frau
Lebe, was du bist!
ISBN 978-3-423-34585-9

William Hart
Die Kunst des Lebens
Vipassana-Meditation nach S. N. Goenka
Übers. v. H. Bartsch
ISBN 978-3-423-34338-1

Bitte besuchen Sie uns im Internet: www.dtv.de

Spiritualität bei dtv

Bettina Lemke
Der kleine Taschenbuddhist
ISBN 978-3-423-34568-2

Andrea Löhndorf
Anleitung zum Pilgern
Ein Lebensbegleiter
ISBN 978-3-423-34589-7

Marie Mannschatz
Buddhas Anleitung zum Glücklichsein
Fünf Weisheiten, die Ihren Alltag verändern
ISBN 978-3-423-34587-3

Sakyong Mipham
Den Alltag erleuchten
Die vier buddhistischen Königswege
Übers. v. Stephan und Maike Schuhmacher
ISBN 978-3-423-24586-9

Wie der weite Raum
Die Kraft der Meditation
Übers. v. Stephan Schuhmacher
ISBN 978-3-423-24445-9

John Penberthy
To Bee or Not to Bee
Das größte Geschenk ist die Gegenwart
Übers. v. Bettina Lemke
ISBN 978-3-423-34590-3

Drukpa Rinpoche
Tibetische Weisheiten
Lebensweisheiten eines tibetischen Meditationsmeisters
Übers. v. S. Schuhmacher
ISBN 978-3-423-36143-9

Weisheiten der Bibel
Hg. v. I. Seidenstricker
ISBN 978-3-423-34270-4

Worte, die wirken
Weisheiten für den Augenblick
Hg. v. I. Seidenstricker
ISBN 978-3-423-34435-7
Ausgabe in besonderer Ausstattung
ISBN 978-3-423-34649-8

Worte, die stärken
Weisheiten für den Augenblick
Hg. v. I. Seidenstricker
ISBN 978-3-423-34503-3

Worum es wirklich geht
Die großen Wahrheiten
Hg. v. Iris Seidenstricker
ISBN 978-3-423-34588-0

Was wirklich zählt
Die tiefen Wahrheiten
Hg. v. Iris Seidenstricker
ISBN 978-3-423-34623-8

Bitte besuchen Sie uns im Internet: www.dtv.de

John O'Donohue im dtv

Anam Ċara
Das Buch der keltischen Weisheit
Übersetzt von Ditte und Giovanni Bandini
ISBN 978-3-423-34639-9

Anam ist das gälische Wort für Seele, Ċara heißt Freund. Anam Ċara bedeutet also »Seelenfreund«. Die Kelten besaßen eine tiefe Einsicht in das Wesen der Liebe und der Freundschaft. John O'Donohue enthüllt in diesem Buch keltische Geheimnisse, die die Leser in unserer hektischen Zeit in harmonischen Einklang mit der Welt bringen.

Echo der Seele
Von der Sehnsucht nach Geborgenheit
Übersetzt von Ditte und Giovanni Bandini
ISBN 978-3-423-24180-9

Noch nie war der Hunger nach Zugehörigkeit so quälend wie heute. Die Geborgenheit, die wir in der Zugehörigkeit erfahren, schenkt uns Kraft; sie bestätigt in uns eine Stille und Gewissheit des Herzens, und sie versichert uns des Bodens, auf dem wir stehen.

Vom Reichtum des Lebens
Die Schönheit erwecken
Übersetzt von Sabine Hübner
ISBN 978-3-423-34410-4

John O'Donohue zeigt dem Leser auf seine einzigartige Weise, wie viele Facetten von Schönheit uns im täglichen Leben begegnen und welche Kraft man daraus schöpfen kann. Schönheit ist die Harmonie der Welt und erweist sich als Schlüssel zum größten Mysterium: der Erfahrung Gottes. Für alle, die ihr Leben um positive Impulse bereichern wollen.

»Wunderbar!«
Buchhändler heute

»Wer sich auf den irischen Dichter-Philosophen einlässt, wird zweifellos als ein anderer aus diesem Experiment hervorgehen.«
Die Welt

Bitte besuchen Sie uns im Internet: www.dtv.de